本音を引き出す「3つの質問」

渡瀬 謙

文庫

文庫版まえがき

2011年に本書の親本『相手が思わず本音をしゃべり出す「3つの質問」』を出してから5年が経ちました。その間、おかげさまで多くの企業から評価を受けて、私の本業である営業コンサルタントの仕事や講演依頼が全国から来るようになりました。

しかも、日本生命保険や三菱東京UFJ銀行、SMBC日興証券など業界でもトップクラスの企業から直接依頼が来るようになったのも、この本のおかげです。現在25冊の本を出している私にとっても、思い入れのある代表作のひとつです。その本が、今回文庫化されることになり、感謝の気持ちでいっぱいです。

何百回と行ってきた講演やセミナーなどでも、この「3つの質問」は私のメインコンテンツです。そして回を重ねるごとに少しずつ進化もしています。もともとは営業マンを対象にしたもので、お客さまの本音をどうやって引き出すかを主としていました。もちろんそれだけでも十分に効果が出ますし、満足していただける内容になっていると自負しています。

ただ、「3つの質問」の応用範囲は、私が当初思っていたよりも広がっています。それは、営業の分野だけでなく、もっと広くビジネス全般における人とのコミュニケーション不足の解消にも効果があるというものです。

近年、多くの企業が新卒で学生を採用する際の基準として、「コミュニケーション能力」をあげています。現在のビジネスにおいては、対人コミュニケーションの必要性が高まっているのと同時に、対人関係を苦手とする人が増えているのもその要因です。

私自身も営業研修の中で、お客さまとの会話だけでなく、社内の人間関係にも使えることを強調するようになりました。そもそもお客さまが本音を言わないのは、営業マンとのコミュニケーションが不足しているのが主な原因です。それを解消するためには、「会話」をすることが大前提です。3つの質問は、この会話をスムーズにする効果があります。

会話が必要な場面は、社外だけでなく社内にもたくさんあります。上司と部下の間でコミュニケーションが不足しているシーンは随所に見られるでしょう。話しかけづらい相手に話しかけるとき。会話にならずに一方通行の話になってしまうとき。最悪なのは、報告や連絡ですらしづらい関係になっているときです。

そこで、文庫版を出すに当たって、会話によるコミュニケーションに関する箇所を書き加えることにしました。もちろん、もとの内容はそのままなので、単純にボリュームアップしたことになります。

コンパクトになって、より手に取りやすくなったことで、さらに多くの方に知っていただける機会が増えました。営業場面はもちろんのこと、日々のビジネスシーンにおける対人関係の悩みを解消するためにも役立てていただけたら幸いです。

２０１６年９月

渡瀬　謙

はじめに

相手の本音がわかればコミュニケーションはうまくいく！

相手が何を望んでいるのか？

あの人の欲しいものは何なのか？

それをあらかじめ知ることができたら、どんなにすばらしいことでしょう。

ビジネスの場なら、お客さまの希望どおりの提案をすることができるので、喜ばれるうえに商談成功率が大幅に上がります。

社内でも、上司が求めていることがわかれば、部下としても仕事がスムーズにできて社内での居心地も良くなるし、早い昇進も望めるでしょう。

プライベートの場でも、恋人に100％喜んでもらえるプレゼントを用意できます。

「相手の本音を知るテクニック」を持っていることが、人生を成功に導くと言っても過言ではありません。

相手の気持ちを知るには、当人に直接聞いてみるのが一番です。

そうです、質問すればいいんです。聞きたいことを質問すれば、相手は何かしら答えてくれます。

でもちょっと待ってください。その答えは本当に正しいでしょうか？

残念ながら人はウソをつきます。本音を言いたくないときには適当にごまかして答えたりします。

どんなに鋭い質問を浴びせても、その答えが「本音」でなければ意味がありません。

本書の目的はそこにあります。単なる質問ではなく、「本音を引き出すための質問とはどういうものか」を解説するものです。

ここであらかじめ言っておきますが、私はとくに質問術の権威でもなければ心理学の教授でもありません。内気でしゃべり下手な営業マンに対して教育・トレーニングを行っている者です。

私自身、幼少期から大人になるまでずっと内向的な性格で悩んでいました。気が弱くてほんの小さなことでも気に病んだり落ち込んだりしていました。そんな私でも、やり方さえ変えれば売れる営業マンになれることを知り、リクルートでトップになったこともあります。その手法を、著書やセミナーなどを通して多くの人たちに広めています。

営業は、相手の本音を引き出すことに重きを置く仕事です。ヒアリングのよし悪しで結果が大きく違ってきます。営業マンに対して警戒しているお客さまから的確な情報を得るには、何をどのように聞いたらいいのか。

普段から極端に口数の少ない私は、最低限の質問だけで相手の本音を聞き出すことを重要視していました。性格的にも、相手を質問攻めにして不快な思いをさせたくないという気持ちが強かったからです。

そうしているうちに、すぐに答えてくれる質問となかなか答えてくれない質問との違いや、こちらが聞かないことまで率先してどんどん話してくれる質問法などが自然に身についていきました。

それを私なりに体系化したものが、本書で紹介している**「本音を引き出す3つの質問」**です。もちろん内気で話し下手な私でも簡単にできる質問法なので、難しいトークを覚えることもなく、相手を誘導するような派手なパフォーマンスも必要ありません。

相手の本音を知ることは、円滑なコミュニケーションを行うための基本です。

上手なコミュニケーションは、どんなビジネスシーンでも役に立ちます。

さらに、的確な質問ができるようになると、会話もはずみます。

普段からコミュニケーションが苦手な人も、3つの質問を使うだけで、人づきあいがグンと楽になります。

本書をきっかけとして、相手の本音が理解できて人から信頼されるようになり、それによってビジネスを大きく前進させていく人が、ひとりでも増えることを私は願っています。

2011年6月

サイレントセールストレーナー

渡瀬　謙

目次

第1章 なぜ人は本音を言わないのか？

27

第4章 3つの質問をさらに高度に応用してみよう 121

第5章 本音を制するものはビジネスを制する

本文イラスト●長野　亨
編集協力・DTP●リリーフ・システムズ

序章

本音がわかる！
会話がはずむ！
信頼される！

コンプレックスのかたまりだった私

小学生のときに、クラスで一番おとなしかった子のことを思い出してみてください。

休み時間になってもずっと自分の机に座ったままで、誰とも話したり遊んだりしない子です。まあ、いきなり思い出せと言われても、そんな子のことは記憶にすらないかもしれませんね。でも、どんな学校にも必ずいます。

そんな、無口で人見知りで引っ込み思案な子どものひとりが私でした。

授業中でも決して自ら発言することなく、いつも黙っていました。

いきなり先生から指されてしまったときには、しようがないので答えようと立ち上がりますが、しどろもどろになりながらなんとか答えて着席すると、私の全身には大汗が流れていました。上がり性で赤面性だったのです。

そんな自分がイヤで、なお一層目立たないようになりました。

中学に入っても高校に行っても、それは変わりません。いつも「無口でおとなしい人」「何を考えているのかわからない人」とまわりには思われていました。そんな自分がずっと嫌いでした。

もっとみんなと楽しく話ができたらなあ。

あそこで笑っている彼のように明るく、クラスの人気者になれたらなあ。

先生からも「もっと積極的になりなさい」「もっとみんなと一緒に話しなさい」と言われ続けていましたが、どうしてもできません。自分なりに頑張ってはみたのですが、ムリだったのです。

そんなコンプレックスを抱えながらずっと生きてきました。

社会人になれば自然に話せるようになるかもしれない、などと淡い期待をしながら就職しましたが、それも簡単に破られました。

私は社会人になってもずっと、「もっと明るくならなきゃ」「もっと面白い話をしなくちゃ」という自分のなかのコンプレックスと戦って生きてきたのです。

ところがある日を境に、それが180度変わりました。

？こんな私がリクルートのトップセールスに！

文系の大学に進んだ私は、やりたいことも見つからず、ただなんとなく毎日を過ごしていました。そうしているうちに就職活動の時期がイヤでもやってきます。人と会ったりする仕事は自分には向いていない、ということはわかっていました。ですから営業職になろうとは全く考えていませんでした。

ところが、まわりの人たちはみんな当たり前のように営業として内定をもらっています。友だちとのネットワークも少なかった私は、いつの間にか取り残されてしまって、気がつくと大学4年生の12月になっていました。

さすがにこれはヤバイと思い、とにかく何でもいいから内定をもらうべく、禁断の営業職を希望したのです。まだバブル経済の最後の時期だったので、私のような人間でもなんとか就職できました。

新卒で入社したところは老舗の精密測定器メーカーでした。ここには4年半ほどいました。もちろん営業です。なんとか自分の内気な性格と格闘しながらやっていました。

その後、わけあって転職した先が株式会社リクルート。

正直言って私はこの会社をよく知りませんでした。友人のすすめで入ったのです。

入社してみると、まわりはみんな元気で明るい人ばかり。自分が場違いなところに来てしまったことに初めて気づきました。

売れなくてツライ日々が続きました。こんな暗い性格の私ではやっぱりムリなのか。

ところがあることをきっかけに、6カ月目からどんどん成績が伸び始めました。

そして10カ月目には、全国営業達成率で、なんとトップになってしまったのです。

クラスで一番おとなしくて口ベタだった私が、かつて生徒会長をやっていたようなツワモノたちを抜いてトップになるなんて！

しかも、そのときの営業は、「無口」「人見知り」「暗い」という地のままの性格で行っていたのです。トップになったということよりも、自分の性格のままで営業成績を上げることができたということに私は大きな衝撃を受けました。生まれて初めて「一番」という目立つポジションに立った。こんな誰よりも目立たない私が！　それも自分が一番向いていないと思っていた営業で！

そして、そのときに行っていた営業の核となることこそが、本書で解説する「3つの質問」だったのです。

ビジネスで最も重要なのは、相手の本音を知ることだ！

もちろん質問だけで営業成績が伸びるわけではありませんが、相手の本音を引き出す質問が重要な役割を占めていたのは確かです。

この質問法は、リクルートを退社してデザイン会社として独立したときにも、そして現在の営業コンサルタントの仕事に至るまで、あらゆる場面で力になってくれました。

ビジネスにおいての基本は人対人です。相手が考えていることや望んでいること、さらには嫌いなことや苦手なものなどまで知ることができれば、交渉はうまくいきます。

かつての私は、人づきあいをうまくやるには、「上手なしゃべり」「面白いキャラ」「積極的な性格」が必要だと思っていました。とくに営業職になってからは、ことさら痛切に感じていました。

しかし、ビジネスにおける人づきあいには、それよりも大切なことがあったのです。

それは、**こちらがどう伝えるかではなく、相手がどう考えているかを知ることです。**

売れない頃の私は、うまくしゃべれないから売れないのだと〝勘違い〟していて、一生懸命にしゃべる練習をしていました。鏡を見ながら笑顔の練習もしました。でもどんなにやっても売れませんでした。

しゃべってもしゃべらなくても売れないのなら、いっそのこと素の自分のままで行こうと切り替えたとたんに売れるようになったのです。

もともと私は、自分からガンガンしゃべることを嫌い、人に迷惑をかけることも苦痛な性格です。相手が望んでもいないことをすすめるなんてとてもできません。

まず、相手の考えを聞く。

それが私の人づきあい法だったのです。

それまでずっとコンプレックスだった自分の性格が、ここで初めてプラスに転じました。

相手の気持ちがわかれば、どんなビジネスでも怖くありません。

こんなに無口で内向的な私でも、ごく自然に、そして自分にムリすることなく人づきあいができるようになれたのです。

その秘訣は、「相手の本音を引き出す3つの質問」です。

これを使えば、どんなに気難しい人からも簡単に本音を聞き出せて、ビジネスを前進させることができました。

本音で話せると、とたんに会話がはずみます。さらには、こちらを信頼してくれるようになります。そうなれば、もう当たり前のように仕事がうまく回り始めます。

人前でしゃべることなどもってのほかだと思っていた私が、今では年間数十回もの講演やセミナーを行い、新聞、雑誌、テレビやラジオなどからの取材依頼が途切れることなく、年に3〜4冊ずつ著書を執筆し、「しゃべらない営業マン育成の第一人者」と言われるまでになれたのも、すべてはこの3つの質問から始まりました。

さあ、次はあなたの番です。

ぜひ、この質問法をマスターして、今日からのあなたのビジネスライフを大きく前進させてください。

第1章

なぜ人は本音を言わないのか？

人づきあいには本音と建前がある

「本音を聞き出すのって、なんて難しいんだろう」

社会人になって営業部に配属された私はすぐに痛感しました。

もちろん、まだ「3つの質問」など知らなかった頃のことです。

上司から「お客さまのニーズを聞き出してくるのが営業の仕事だ」と言われていたので、客先に行ってそのまま、

「この商品について、今後の導入予定はありますか？」

とカタログを見せながら聞くと、

「今のところありません」

とのこと。

ないならしかたがないと思い、素直に帰りました。

ところが数日後、その会社へ行ったとき、私は愕然としました。

なんとそこには先日見せたカタログの商品と同等の他社商品が納められていたのです。今後の導入予定はないと言っていたのに……あれはウソだったのか。それをそのまま信じてしまった私がバカだったのか？

それならいったい何を信じればいいいんだろう。

聞いても本当のことを教えてくれない相手に対してどう接すればいいのか、当時の私にはわかりませんでした。だからといって、「正直に教えてください」などと言うわけにもいきません。

本音と建前をどう見分けるか。

もともとおとなしい性格で人とすぐに打ち解けられない私は、当時いつもその壁にぶつかっていました。

あなたはいかがでしょうか。このような経験はありませんか？

そこで、まずこの章では、人が本音を言わない理由は何なのかを見ていきます。理由がわかれば、それを聞き出す質問の仕方もおのずと見えてきますから。

売り込まれたくない心理が本音を隠す

例えばあなたがスーツを買いにデパートに行ったとします。

気に入ったものがあれば買おうと思って店に入ると、すぐに店員がかけ寄ってきて、

「いらっしゃいませ。今日は何をお探しですか?」

と満面の笑顔で話しかけてきました。

はっきり言ってウザイ感じです。

もっとゆっくり見たいと思っていたあなたは、こんな風に答えたりしませんか?

「いえ、ちょっと立ち寄っただけですから」

本当はスーツを探しにきたのに、それを正直に言ってしまうとこのウザイ店員

にしつこくされそうだからついウソを言ってしまう。こんなことってよくありますよね。

これが売り込まれたくない心理です。

そしてこれは過去の経験から生まれた行動です。過去に正直に言ってしまって、店員にしつこく売り込まれてイヤな思いをしたことがあったから、とっさにごまかしたのです。

強引な売り込みに屈して買ってしまったときって、後悔することが多くないですか？

逆にさんざん売り込まれたのに買わずに帰るときの、一種の後ろめたい気持ちもイヤなものです。

そんな気持ちになりたくないから、無意識のうちに先手を打って売り込みを避ける行動をしてしまうのです。

本音を隠すというのは、自分を守るための行動でもあるのです。

ビジネスの現場では小さなウソは当たり前

この章の最初にお話しした私の新人の頃の例をもう一度見てみましょう。

私の質問に対してウソをついたお客さまは、私のことが嫌いだったのでしょうか？

そうではないでしょう（たぶん）。私からの売り込みを避けたかっただけで、決して嫌っていたわけではないのです。

おそらく、もう他社から購入することがほとんど決まっていたのでしょう。でもそれを、

「実はもう他社から買おうと思っているんだよね」

などと正直に言ってしまうと、私から売り込まれるのがわかっていたので小さなウソをついたのです。

もし正直に言うとどうなるか？

「どこから買うんですか？」

「いくらで仕入れるんですか？」

「いつ頃の納入予定ですか？」

などと営業マンである私からの質問攻めにあってしまい、そのうえ、

「安くしますから、こちらにも見積もりを出させてください！」

と、お願いされて困ってしまうのが見えていたはず。

まあ、実際の私はそんなにガンガンと営業するタイプではありませんでしたが……。


先方の立場で見てみると、一度社内で決定したことを振り出しに戻すのは大変な労力がかかります。私が扱っていた製品は精密機器だったので、導入にはそれなりの慎重な準備が必要でした。導入予定の他社製品ですでに試験導入や関係各部署への稟議などを回していたとしたら、それを白紙にしてまでこちらの提案を検討することなど、できればやりたくはないでしょう。正直言って性能に大差はないのですから。

だとしたら、知らんぷりしておきたいと思うのも無理はありません。

どうせ断ることがわかっているのなら、多少の罪悪感はあるけどちょっとウソをついてしまおうという気持ちもうなずけます。

私が逆の立場だったとしても、同じことをするでしょう。

ビジネスの現場では、仕事をスムーズに進めるためのウソというのもときには必要なことなのです。

ウソをつくのは防衛本能が働くから

もうひとつ「ウソ」の身近な例で言うと、テレアポというものがあります。

営業の手法のひとつで、まだつきあいのない相手に電話をかけて、会う約束を取りつけるもので、テレフォン・アポイントメントの略です。

これは営業の仕事のなかでも厳しい部類に入ります。

なぜかというと、ほとんどが断られるからです。100件電話しても1件のアポイントが取れるかどうかというもので、精神的にも肉体的にもツライ作業です。

実際にはこんなやりとりです。

営業マン　「はじめまして、私○○会社の××と申します。恐れ入りますが、社長さまはいらっしゃいますでしょうか？」
お客さま　「どういったご用件でしょうか？」
営業マン　「弊社の新商品のご案内をさせていただきたいのですが」
お客さま　「社長は今、留守にしています」
営業マン　「そうですか。お戻りは何時頃でしょうか？」
お客さま　「わかりません」
営業マン　「わかりました。またあらためてお電話させていただきます」
お客さま　「……」（ガチャン）

いかがでしょうか、あなたの職場や家庭にもこのような営業の電話がかかってきたりしませんか？　忙しいときにこんな電話がかかってくると、ついつい冷たく断ってしまいますよね。

このような電話にいちいち丁寧に応対していたら、仕事になりません。また「社長いますか?」という電話をその都度社長に回していたら、「そんな電話をいちいち回すんじゃない!」と怒られてしまうでしょうし、社長も仕事に集中できません。

仕事をしているときに、いきなり電話でわけのわからない説明をされても聞く気になれませんし、なによりも集中力を切らされてしまうのが不快で、仕事の妨げになります。

それがわかっているから、社長がいたとしても「いない」とウソをつかざるを得ないのです。いわゆる防衛策ですね。

こうなってしまうと、もう本音を聞き出す以前に会話をすることすらシャットアウトされてしまいます。当然ビジネスが進展するはずがありません。

私は電話での営業の指導もしていますが、相手の心理を理解したうえで行わないと、質問にすらたどり着けません。まずはそこを理解しておきましょう。

騙しのテクニックの高度化が本音を隠すきっかけに

すぐに本音を見せたくない理由はまだあります。

近年とくに横行している騙しの手口。振り込め詐欺などを筆頭に、多くの騙しのテクニックが次々に現れています。悲しいことですが、私の知人にも被害者が数人います。表面化しているものだけでもかなりの人数になっているので、水面下ではもっとたくさんの被害者がいると思われます。

手口も年々巧妙になってきており、自分は大丈夫だと思っている人でさえも、ひっかかってしまうケースも増えています。

そうして運悪く騙されてしまった人は、他人からのアプローチに対して極度に警戒するようになります。当然ですよね。これ以上被害を受けたり、不快な思いをしたくありませんから。とくに知らない人からの電話や訪問には、かなり慎重になってしまうはずです。

残念ながらそのような詐欺師と真っ当な営業マンとは、見た目だけでは区別がしにくいというのが現状です。

営業に関わる者としてはあまり言いたくないのですが、営業マンと詐欺師とは紙一重のような部分があります。詐欺というのは簡単に言うとウソをつく犯罪ですが、営業マンもときとしてウソをついてしまうことがあるからです。

自己中心的で自分の商品をなんとか売りつけようと考えている営業マンがエスカレートしていくと、小さなウソを積み重ねてどんどん詐欺に近づいていきます。もちろんそれは犯罪行為です。

ですからお客さまが身を守るためには、とにかく〝営業マン的な人〟のみならず〝知らない人からの電話や訪問〟はすべてシャットアウトして、最初から聞く耳を持たないということになってしまうのです（これも原因となって現在の営業活動がさらに難しくなっているのは事実です）。

なんとか面会できたとしても、「この人は果たして良い人なのか、悪い人なのか？」と考えているお客さまが、警戒して心を開かないのもうなずけます。当然ながら本音など出てくるはずもありません。

まずはそのような相手の心理状態を知っておくことが、本音を引き出すためには大切なことなのです。

使い古されたテクニックは見透かされる

騙されないぞ、と警戒している人からどうやって本音を引き出すか？

そこでよく出てくるのが心理学的手法です。映画やテレビドラマなどでも心理学を応用したテーマがよく使われています。それだけ関心が高いということかもしれません。

犯罪捜査などでも使われるキネシクス（動作の心理学）で、〝目線が右上を向いたらウソをついている〟などは有名ですよね。他にも動作や口調などの変化からウソを見抜くテクニックがたくさんあります。

もちろん、立派な学問ですし実際に効果も立証されています。

しかし誰でも同じ効果が出るとは限りません。例外だってあります。テクニックに頼りすぎるのも危険な場合があるのです。

あるお客さまとの会話で、印象的なことがありました。

お客さま「最近の営業マンって、みんな同じようなしゃべり方なんだよね」
私「そうなんですか」
お客さま「なんかこうテクニックを使ってくるんだよ」
私「例えば？」
お客さま「私がYESと答える質問を連続でしてきたり」
私「なるほど」
お客さま「何か質問したあと、こちらの目の動きをじっと見ていたり」
私「ああ、よくありますね」
お客さま「あと、こちらのセリフを繰り返すなんていうのもよく見るね」
私「はい、オウム返しですね」
お客さま「まあ、全然ダメではないんだけど、私も本とかを読んで手法を知っているだけに、なんだか無理に誘導されているみたいでちょっと抵抗を感じるんだ」

それを聞きながら、私は自分がやっていることを見透かされた気持ちになって、ドキッとしました。タネを知っている人に向かって得意げに手品を披露するようなものです。

とくにまだ新人のうちは、**テクニックだけに頼ろうとすると簡単に見抜かれてしまうので気をつけましょう。**見抜かれたら本音も隠されてしまいますからね。

「お願いを断る」のは誰しも気が重い

ここでもう少し人間の心理を見てみます。

誰かからお願いされたことを断らざるを得ないとしたら、果たしてどんな気持ちになるでしょうか。

社内で同僚から休日出勤を代わってくれないかと頼まれたとき、それを断るときの気持ちは決して楽しいものではないはずです。むしろ後ろめたさを感じることでしょう。

人はたいていの場合、「お願いを断る」という行為が好きではないのです。それがたとえ親しくない営業マンからのお願いだったとしても、断るというのはかなりのエネルギーを消耗します。

質問に対して正確に答えたくないときというのは、さらに掘り下げると、その後のお願いを断りたくないという心理が働くときなのです。

同僚「悪いけど明後日の日曜日って空いてる？」

私「え、何かあったの？」（用事はあるんだけど……）

同僚「うん、急に娘が入院することになってね」

私「そうなんだ、大変だね」（イヤな予感……）

同僚「そんなときに限って妻が熱を出して寝込んでるんだ」

私「それは大変だ」（マズイ流れだぞ……）

同僚「だから休日出勤を代わってくれないか？」

私「……」（やっぱり。う～ん、断りにくい。他の人じゃダメなのかな）

このような経験はありませんか？　最初の問いに対して「空いてない」ときっぱり言ってしまえばよかったのですが、ここまで聞いてしまうと、情が働いて余計に断りにくくなりますよね。私はこの調子で、いつも頼まれごとを断れませんでした。

断ることがわかっているなら、最初から「話を聞かない」態度で接したほうが、その後の罪悪感は薄れます。聞いてから断ろうとすると、その断る理由まで伝える必要が出てきて、逆に相手を説得しなければなりません。なんだか言い訳しているような不快な気分になってしまいます。

もちろん、人からの頼みごとはすべて断れと言っているわけではありません。自分に不都合が生じそうだと察したら、それを事前に回避するのもアリだということです。

質問に素直に答えてくれない場合、相手がこのように警戒しているのかもしれません。

正直者はバカを見るってホント？

ここまで読んでこられた方には、なんだか世の中って本音で生きにくいなあと思われているかもしれません。でもそれ、半分当たっています。

前にもお話ししたように、ビジネスの現場では小さなウソや駆け引きが当たり前のようにあります。

ほとんどの人にとっては、たとえ仲の良い友だちや家族との会話でも、本音でしゃべるのはごく一部だったりします。

一見仲良くしているようでも、心の中では無意識に小さな壁をつくっています。

聞かれたことに対して何でも正直に答える人を「素直な人」とほめますが、その一方で「バカ正直」と言ったりもします。

今、人とのコミュニケーションが取りづらい時代と言われています。

本当に仲の良い相手でもない限り、人は他人に対してなかなか本音を出しません。

本当のことを隠して別の答えを言ったりします。何でも正直に言ってしまうと、損をすることがあるというのをどこかで学習しているからです。

では、正直に言っても損をしないことがわかっていたらどうでしょう？

本音をぶつけても不快な思いをしないとしたら？

人間には元来、自分の気持ちを正直に話したいという欲求があります。

本当は心を打ち明けたいのです。そして素直な人と認められたいと思っています。

だとしたら、上手に質問して本音を引き出すことができれば、こちらもうれしいですが相手にとってもうれしいことなのです。

人はどんなときに本音を隠すのか？

さて、ここまで本音が出にくい理由やその背景についてお話ししてきました。

単なる質問をぶつけるだけでは、その壁を乗り越えられないということをご理解いただけたかと思います。

繰り返しになりますが、人が本音を言わないときは、だいたい決まっています。

- 話をしたくないとき
- 売り込まれたくないとき
- 相手を警戒しているとき

など、たとえ相手を騙そうなどという悪意がなくても、ごく自然にウソが出てしまうものです。それは人づきあいにおける小さな知恵のようなものでしょう。

人は一般に誰かと距離を置こうとするとき、自然に本音を隠すものです。

とくにビジネスシーンなどで利害が発生しそうなときには、なおさら警戒心が働いて本音を見せないようにします。

まずはそのことを認識しましょう。

ただし、本心で本音を隠したいわけでもありません。

実は言いたいのです。隠しごとを誰かに言いたくなるのと同じで、ある決まった相手にだけは本音で話したいと思っています。

そして、自分の本音をしっかりとすくい取ってくれる人を求めています。

*

本音を引き出すことが難しいということは、まわりのみんなにも難しいはず。

そこであなただけが上手に引き出せたとしたらどうですか。

あなたは注目され、信頼に結びつき、そしてビジネスでも他に抜きん出ることができるでしょう。そうなると、なんだかワクワクしてきますよね。

本音を知るとビジネスがどう変わっていくのか？

それを次の章でお話しします。

あなたの普段のビジネスシーンと比べながらイメージしてみてください。

第２章

相手の本音がわかるとビジネスが大きく変わる

? 売れる営業マンの行動をチェック

ここまで、相手の本音を引き出す難しさとその理由についてお話ししてきました。

ではそれほど難しいのに、それでも本音を知りたいと思うのはどうしてでしょうか?

本書を手に取ったあなたならすでにわかっていますよね。

本音で語れないことの「つらさ」と、本音で語れることの「すばらしさ」を。

とくにビジネスの場においては、相手の本音がわかるかどうかで、天と地ほどの差が出てしまいます。

ある営業マンの例で見てみましょう。

新入社員の2人です。

彼らは同じ研修を受けて、同じように営業部に配属されました。そして同じように営業ツールを使い、営業トークを覚えてお客さまのところへ向かいました。ところが1年後、2人の成績は大きく離れてしまいました。A君はトップの成績でしたが、B君は最下位。でも普段の話しぶりを見ても2人の能力にはそう大差はありません。

どこが違うのか?

彼らの行動をよく見てみると、その違いが明らかになりました。

売れていないB君は、営業先のお客さまから断られてくるケースが多いのです。しかも何度も打ち合わせをして商談の最終段階までこぎつけているにもかかわらず、結局ダメになるのです。

当然、それまでに時間も労力もかけて一生懸命仕事をしているのですが、結果が伴いません。B君としては毎日サボらずに残業して働いているので、売上が上がらないのは運が悪いくらいに思っています。

一方でA君は、のんびり仕事をしています。あまりバタバタと忙しそうにしている姿を見せません。彼が営業に行くと、とても高い確率で注文を取ってきます。

営業活動が結果に結びついているので、それほど忙しくしなくてもトップの成績がキープできるのです。
この違いが2人の成績の差を大きなものにしていました。

さて、この差とは何なのでしょう。営業センスがあるかないか、でしょうか？
私はそうは思いません。
この2人の差こそ、「相手の本音を引き出せているかどうか」の違いなのです。

さて、この章では、相手の本音を引き出すことが、ビジネスの成功にどれだけ関わってくるかを見ていきます。本音を引き出すことができると、どんなすばらしい結果になるのかをお話しします。

本音を引き出せれば勤務時間は激減する

先ほどの話の続きから。

お客さまの本音がわかっていないとどうなるか。B君は毎日遅くまで仕事をしていましたが、結果として売上につながっていませんでした。

客観的に見ると、B君は仕事をしていないと言えます。営業の仕事は売上を上げてお客さまからお金をもらうことです。それができていない以上、仕事をしていないと判断されてもしかたがないでしょう。

もっと正確に言うと、〝売上につながる仕事をしていない〟ということです。

経営者の視点では、どんな仕事もそうですが、会社の利益につながらない作業というのは無駄な時間と捉えられます。きつい言い方をすれば給料泥棒です。

会社は頑張るためにあるのではなく、利益を上げるためのところです。利益に結びつかない頑張りは、評価の対象にはなりません。

B君は頑張るだけで仕事をしているつもりになっていたのですね。

ではどうしてそうなってしまったのでしょうか。

商談や提案力はA君と同様だったと仮定して話を進めます。

B君はお客さまが本当に望んでいるもの（ニーズ）をつかんでいなかったので

す。頑張って資料を作って提案してもダメだったということは、相手のニーズに合致していなかったと言えるでしょう。つまりゴールの方向性が最初からずれていたので、どんなに頑張ってもたどり着かなかったのです。

もしかしたら、見当はずれな方向を目指して進んでいたのかもしれません。相手のニーズ（ゴール）とB君が思っているニーズ（ゴール）が違うと、このようなことになります。

もしも最初からゴールが違うとわかっていれば提案内容も変更できましたし、そもそもニーズが全く違っていたとしたら、その会社を早々に見切って別のもっと可能性の高い会社に力を注ぐこともできたはずです。

私も仕事がら、たくさんの営業マンを見てきましたが、このB君のようなケースは非常に多いです。なかには努力している自分に酔いしれている人もいます。徹夜で頑張ってもダメだったのだからしかたがないと満足している人など。

そうなると、なぜダメだったのかという理由を探そうとしなくなります。

これでは、いつまでたっても売れるようにはなりません。

ニーズを引き出せる社員と引き出せない社員の違い

ニーズが引き出せる社員

仕事に余裕がある
残業なし
効率が良い
提案が通る
ストレスが少ない

ニーズが引き出せない社員

いつも忙しい
残業が多い
効率が悪い
提案が通らない
ストレスが多い

その点、A君はお客さまが何を求めているのかを正確につかめていました。ですから**お客さまの心に響く提案がピンポイントでできたのです。**そうなれば、売上も自然に伸びます。無駄なエネルギーを使わないので、残業時間も短縮できます。

仕事で成果を上げながら残業も少ないなんて、会社にとってもこれほどありがたい社員はいないでしょう。

「売れない」から「売れる!」へ

実は、ここに登場したA君とB君は同一人物です。そう、私のことなんです。売れない頃の私と売れるようになった頃の私。それを同期の2人としてイメージしてみたものです。

どのくらいで売れるようになったかというと、たったの半年です。

私がリクルートに入ってから最初の6カ月間の売上は、ほぼゼロでした。でもサボっていたわけではありません。私なりに一生懸命やっていたつもりです。

テレアポで断られ続けたり、飛び込み営業もやりました。冷たく断られると胃が痛くなる性格でしたが、それでも頑張りました。ただ結果が出ないのです。

とにかく会えた人には商品説明を繰り返していました。もちろん、相手のニーズなどお構いなく、こちらから伝えたい情報を一方通行で流していました。

今思えば、それでは売れるはずがありませんでした。

半年後、私は開き直りました。どうせ売れないんだから、もっと自分にムリのない方法でやってみようと思ったのです。

それまでは、自分の性格を曲げてお客さまと接していたので、精神的にも苦痛でした。

本当の私はというと、相手の話をさえぎったり、相手が聞きたくないことを一方的に話すなどできないタイプで、とくに相手に不快感を与えることを極力避ける性格でした。

なので、まず相手の要望を確認するところから入ったのです。

「これまでどんな方法で求人を行ってきましたか?」

「そのときの効果はいかがでしたか?」

「今後はどんな人材を採用したいと考えていますか?」


それまでとは違い、ヒアリングで相手をまず理解することから始めました。結果として、入社して10カ月目には全国営業達成率でトップになっていました。私の内気な性格が、ヒアリングの仕方にプラスに作用したと言えるでしょう。そしてもうひとつ言えることは、きちんとしたヒアリングができるようになれば、6カ月間売れなかった人間でも、残りの4カ月で急激に売れるようになることも可能なのだということです。

表ニーズと裏ニーズの存在を知る

ニーズを引き出す際に気をつけておきたいことがあります。

それはニーズには「表ニーズ」と「裏ニーズ」の2種類があるということ。

わかりやすく説明するために、ここでまたA君とB君に登場してもらいましょう。


もちろんどちらも私の体験です。


2人は上司からこんなことを言われました。

「我が社の新製品の広告を雑誌に載せようと思うのだが、その広告案を営業の視点から考えてみてほしい」

と、企画書を渡されました。

B君はその企画書を見てさっそく作業に取りかかりました。

一方A君は、上司にいくつかの質問をしてから作業を始めました。


さて数日後、上司に広告案を見せる日がやってきました。

B君は、企画書どおりの案を張り切って5案も持参しています。

A君はというと、なにやらいろいろと資料を持ち込んでいます。

まずはB君から。

「本企画の主旨は、新製品の斬新さと多機能性を前面に出すことで、強くアピールする内容になっています」

と、企画書にある主旨どおりの広告案をテーブルに並べて見せました。

まあ上司から渡された企画書なので、当然間違いはありません。B君も自信満々です。

次にA君。

「本件のテーマは新製品の雑誌広告案ということでしたが、私は別のものを持参しました」

そして一枚の資料を見せました。

「これは、この新製品を買うであろうターゲット層へのアンケート結果です。ご覧のように、この層は主にインターネットから情報を収集する傾向にあります。ですから私は雑誌の広告案ではなく、ネット広告の案を持ってきました」

するとB君が、

「おいおい、それは企画書の内容と違うからダメだろ」

と口を出しました。もちろん正論です。

「ただ、先日部長に、〝雑誌に広告を出すこと〟と〝商品を売ること〟とどちらが目的ですかと伺ったところ、もちろん売ることだとおっしゃいました。そうだとしたら、どうすればより売上につながるかを検討してみた結果がこうなったのです」

とA君。


さて、どちらが採用になったかはもうおわかりですよね。そうです、A君です。

上司から渡された企画書が表ニーズ、そしてA君が上司から聞き出したものが裏ニーズとなります。

裏ニーズは見えないところに隠れています。でも裏ニーズを見つけると、より強力な提案ができるようになるのです。

これについては、また後のページで詳しく解説しますが、ここでは裏ニーズというものがあって、それが決め手になるということを知っておいてください。

こうして一人勝ち営業が実現する

裏ニーズをつかむことができれば、あとはもうゴールまで一直線です。

本書の主題である「本音」とは、言い換えれば「裏ニーズ」のことなのです。

お客さまの本音をつかんでいたA君は、裏ニーズの引き出し方を知っていたと言えるでしょう。

これも後述しますが、裏ニーズというのは、実はお客さま自身もわかっていないことがあるのです。そんなバカな、と思われるかもしれませんが本当です。

当人も認識していないことを見つけ出すからこそ、裏ニーズには価値があるのです。

営業マン「あなたが本当に求めているのは○○ですよね」

お客さま「そうそう！　そうなんだ！」

という感じになれば、お客さまの心はグッとつかまれます。自分の望んでいたことをズバリ言い当ててくれた相手に、大きな信頼を寄せます。

そうなると、言われたままのことしかできない他の営業マンとの差は歴然です。**ビジネスで勝ち残っていく人というのは、このように他のライバルに差をつける行動をしているものです。**

裏ニーズを引き出してくれた人、という立場になって大きな信頼を勝ち取れば、相手はどんどん本音を言ってくれるようになります。

「実はまだ極秘なんだけど、今度新しいプロジェクトが始まる計画があってね……」

などとお客さまからおいしい情報を教えてもらえたらどうですか。その後の仕事もやりやすいですよね。

実はコンペなどは、不正にならない程度に、事前に情報が流れていたりするものです。

お客さまも人間なので、自分（自社）のことをよくわかってくれて信頼できる人に仕事を任せたいと思うのは当然です。情報を事前に仕入れて対応できるA君タイプと、単にコンペに呼ばれて参加するだけのB君タイプでは、結果は歴然です。

こうしてA君はいつも一人勝ちしていたのです。

そして、これから説明する「3つの質問」を使えば、あなたもA君のように相手の本音がわかる存在になれるでしょう。

＊

さて、大変お待たせしました。次章からいよいよ本題に入ります。

なぜ本題に入る前に、ここまで多くのページを割いてきたのか。その理由は、本書の主題である「本音を引き出す3つの質問」が一見とっても簡単だからです。

質問を3つに絞るためのプロセスは、多くの試行錯誤の繰り返しでしたが、余分なところを削ることによりシンプルでわかりやすい形になりました。

ただシンプルだからこそ、その背景や裏づけについてしっかりと理解しておかないと、表面的なテクニックをなぞるのみで終わってしまう恐れがあります。それでは意味がありません。本書を手にとっていただいたあなたには、ぜひとも実際の場で使えるようになっていただきたいのです。

では、実戦に移りましょう。

第3章

本音を引き出す3つの質問

本音を引き出すメカニズムを知る

お待たせしました。いよいよ本音を引き出す3つの質問とは何かを解説します。

現在、私が行っているセミナーのなかで、参加者同士が行うワークがあります。

私のセミナーに参加する人は、どちらかというと内気な人が多いので普段は静かなのですが、このワークのときばかりは盛り上がります。そのテーマが3つの質問です。

これは、営業で言うところのヒアリング方法について実践的に学んでいただくためのもので、表に出てこない真のニーズを聞き出すことが目的になっています。

なぜ盛り上がるのかというと、ワークを通して、意外と簡単に相手の本音を引き出すことができた驚きと、それが実際にできた達成感を同時に味わえるからだと想像します。

私もそんな参加者の表情が見られるので、楽しい時間です。

ここで、3つの質問の全体像をお見せしましょう。

３つの質問の全体像

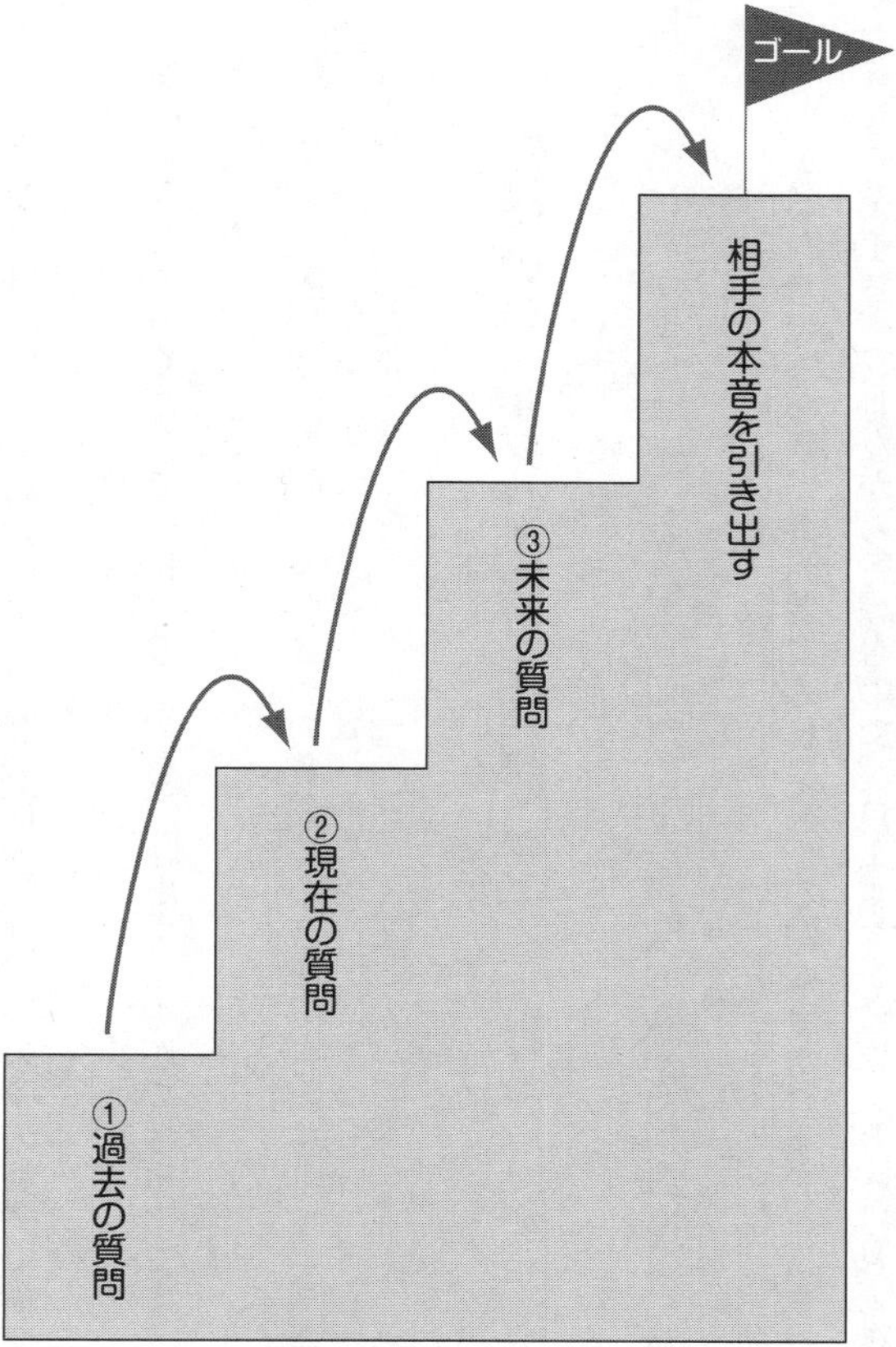
ゴール
相手の本音を引き出す
③未来の質問
②現在の質問
①過去の質問

このように3つの質問は、**①過去の質問、②現在の質問、③未来の質問**で構成されています。

これを順に質問していくことで、相手の本音を引き出すことができるのです。

では、個々に解説していきます。

本章を読み終える頃には、このたった3つの質問で本音を引き出すメカニズムを、ご理解いただけることでしょう。

3つの質問のロールプレイングを再現

まずは、実際に私がセミナーで行っているワークを再現しながら解説していきます。

参加者同士が2人一組になり、質問者とそれに答える側に分かれます。これは実際のやりとりをイメージしながら行うもので、ロールプレイングと呼ばれる練習方法です。

ワークの流れ図

①2人一組になる

②販売員（営業マン）とお客さまに分かれる

お客さま
販売員

③販売員がヒアリングを行う

車を探しに来ました
そうですね～
いらっしゃいませ
どのような車？

④ニーズを聞き出す

そうです！
あなたのニーズは○○ですか？

場面設定としては、

「自動車販売店に来店してきたお客さまに、店の販売員が応対する」

というものです。

販売員役の人が質問をして、お客さま役の人がそれに答える形で進めていきます。

最初にお客さまはいろいろな要望を抱えてお店にやってきます。事前に要望を記載したメモをお客さま側に渡しておきます。もちろん販売員はその内容を知りません。それをどうやって引き出すかというのがここでのテーマです。うまく質問をして、メモに記載されたニーズを聞き出せたらゴールになります。

実際にこのワークを行うときには、まず全員に立っていただきます。そして立ちながらお客さまに応対して、ゴールに到着できたペアから着席できるようにします。

最初のうちは、なかなかゴールまで行けずに、延々と質問と答えが繰り返されるシーンが多いのですが、何度か課題を行ううちに徐々にコツをつかみ始め、着席するスピードがどんどん上がっていきます。
これを繰り返すうちに、ほんの数秒で相手の本音を引き出せるペアも出てくるほどに成長します。

ニーズを引き出す悪い例と良い例

そのワークの様子を具体的に再現してみましょう。
まずは、相手のニーズをうまく聞き出せていないパターンです。

悪い例

販売員A「いらっしゃいませ。今日はおクルマをお探しでしょうか？」
お客さまA「そうです」
販売員A「どういったおクルマをお探しですか？」
お客さまA「ワゴン型で7人乗りくらいのものを考えています」
販売員A「そうですか、それでしたら当店にはいくつかありますので、今カタログをお持ちしますね……

これらの車種になります」（カタログを見せる身振りをしながら）

お客さまA「なるほど」

販売員A「ちなみに色の好みとかありますか？」

お客さまA「そうですね〜、あまりこだわっていないですね」

販売員A「ではエンジンの排気量などはどれくらいを検討されていますか？」

お客さまA「その辺もまだ具体的に考えていません」

販売員A「なるほど。他のメーカーさんも回られたりしていますか？」

お客さまA「いえ、ここが最初です」

販売員A「ではこのあとどこか回られますか？」

お客さまA「そうですね、2〜3軒回るつもりです」

販売員A「ぜひうちでご検討いただければと思います」

お客さまA「まあ、いろいろ見てからですね」

販売員A「よろしければ、お見積もりをさせていただきましょうか？」

お客さまA「そうですね、ではお願いします」

このAチームのやりとりはこの後も延々と続いて、結局ゴールまではたどり着けませんでした。質問をして相手に答えてもらうということ自体はよいのですが、なんだか同じところをグルグルと回っているような印象です。

いかがでしょうか。実際に私もプライベートでカーディーラーに行くと、こんな対応をされることがよくありました。

何が良くなかったのかを見る前に、今度は相手のニーズをうまく引き出せているBチームの例を見てみましょう。

良い例

販売員B　「いらっしゃいませ。今日はおクルマをお探しでしょうか？」
お客さまB　「そうです」
販売員B　「どういったおクルマをお探しですか？」
お客さまB　「ワゴン型で7人乗りくらいのものを考えています」

販売員B　「なるほど、ワゴン型で7人乗りくらいのおクルマをお探しということですね」

お客さまB　「はい、そうです」

販売員B　「そうですか。ちなみに今まではどのようなおクルマでしたか？」

お客さまB　「2ドアのコンパクトカーです」

販売員B　「そうですか、では今回は買い替えということですね？」

お客さまB　「そうですね」

販売員B　「コンパクトカーから7人乗りのワゴンへの買い替えをご希望ということは、例えばご家族が増えたとか、でしょうか？」

お客さまB　「はい、そうです」

販売員B　「差し支えなければ、どなたが増えたのか教えていただけますか？」

お客さまB　「両親と同居するんです」

販売員B　「なるほど、ご両親と同居するので7人乗りくらいのクルマが必要になったのですね」

お客さまB　「そうですね」

Aチームはなかなか答えにたどり着けずギブアップしましたが、Bチームはスムーズにゴールまで到着できました。

両チームのお客さま役の人に渡したメモの内容はこれです。

①今まで乗っていたクルマ	2ドアのコンパクトカー
②現在欲しいクルマ	7人乗りのワゴン
③そのクルマが欲しい理由（ニーズ）	両親と同居することになったから

お客さま役の人はこれを見ながら、販売員役の人からの質問に答えていきます。「①今まで乗っていたクルマ」と「②現在欲しいクルマ」については、聞かれたら簡単に答えてもいいのですが、「③そのクルマが欲しい理由」については、あまり簡単に答えないようにしてもらっています。

もちろん意地悪く答えないというのはルール違反ですが、質問が自然な流れだったら答えても構わないとしています。そして③の答えが出たらゴールになります。

ではどうして、Bチームはスムーズにニーズを引き出せたのでしょうか。

両者を見比べてみましょう。

「表ニーズ」で満足するのはとっても危険

最初に言っておきますが、Aチームは決してダメな例ではありません。ごく普通の例です。たいていはあのような流れになるものです。

販売員が、「どういったおクルマをお探しですか?」と聞いたとき、お客さまが「ワゴン型で7人乗りくらいのものを考えています」と答えたら、それでニーズを聞き出せたと思うのは、ある意味で当然のことです。

でもそれはいわゆる**「表ニーズ」**に過ぎません。

表ニーズというのは表面的なニーズです。お客さまが想定しているだけのものです。

ここでお客さまの思考過程をたどってみると、

両親と同居が決まった

↓

今のクルマ（2ドアのコンパクトカー）では狭い

↓

広いクルマに買い替えよう

↓

じゃあ7人乗りのワゴンくらいがいいかな

このようなものが予想されます。

つまり、7人乗りのワゴンというのは単にお客さまのイメージした結果であり、確定事項でもなく、それが正しい選択とも言い切れない可能性があるということになります。

そんな状態にもかかわらず、**お客さまの表面的な言葉のみを拾って、それを「ニーズ」と決めつけてしまうのは大変危険です。**

Aチームの販売員も「7人乗りのワゴン」を決定事項として検討をし始めようとしていますが、そもそもそれが本当のニーズと違っているケースが実は多いのです。

ニーズがずれている状態で商談を進めようとすると、たいていの場合は平行線で終わります。説得しようとする営業に対して、お客さまは納得できない状態が続くからです。

しかし、実際にそれをやっている営業マンはとても多いと言えるでしょう。

そこで必要なのは、表ニーズを聞き出すだけで終えるのではなく、その先の「裏ニーズ」を引き出すことなのです。

「裏ニーズ」を引き出すことが質問のゴール

裏ニーズというのは、文字どおり裏に隠されたニーズのことです。隠れているのでそう簡単に見つけられません。

しかしその裏ニーズを引き出さなければ、本当の意味での商談や交渉ができないのです。

今回のワークのなかでの裏ニーズは、「③そのクルマが欲しい理由」になります。

つまりお客さまが7人乗りのワゴンを欲しい理由こそが、裏ニーズというわけです。

Bチームは、それをうまく引き出しています。

そうです。「両親と同居する」という答えです。

これがわかっていて商談を進めるのと、わかっていないのとでは大きな差が出ます。

裏ニーズに焦点を当てた商談の続きを見てみると、

販売員B「そのご両親はおいくつくらいですか？」
お客さまB「75歳くらいです」
販売員B「そうですか、どこかお体が悪いところはありませんか？」
お客さまB「そうですねえ、ちょっと足が弱ってきていますね」
販売員B「なるほど。では乗り降りが楽なものがよさそうですね」
お客さまB「そうですね」
販売員B「あと、後部座席のシートもできるだけ腰に負担のかからないものにしたほうがいいと思います」
お客さまB「あ、それはぜひ！　腰も痛いと言っていましたから」

このように提案の質が変わってきます。よりお客さまの本当のニーズ（裏ニーズ）に合った提案ができるので、相手の反応も格段に良くなるのがおわかりいただけると思います。

これをさらに突き詰めていくと、驚くべき結果が出ます。

販売員B　「ところで、7人乗りのワゴンというのは、どうして決められたのですか?」
お客さまB　「なんとなく、それくらいの広さがいいんじゃないかと思って……」
販売員B　「なるほど。どうしてもというわけではないんですね?」
お客さまB　「今考えると、そうなりますね」
販売員B　「わかりました。ちなみにお子さんは?」
お客さまB　「まだ独身です」
販売員B　「そうですか。将来的には家族が増えるかもしれませんが、今のところはご両親と3人ということですね」
お客さまB　「はい、そうです」
販売員B　「7人乗りのワゴンは、その分だけそれぞれの座席が狭くなっています。シートも薄くなっていることが多いです。普段使われない座席があるよりも、今の時点では5人乗りでゆったりしたほうがよいかと思いますが、その点はいかがでしょうか?」

お客さまB　「言われてみればそうですね」
販売員B　「では、乗り降りしやすく、腰にやさしいシートで、5人乗りのおクルマで検討してみましょうか?」
お客さまB　「はい、その線でお願いします」

なんと、当初ニーズだと思われていた「7人乗り」が「5人乗り」に変わってしまいました。しかもお客さまの反応も良くなっています。

お客さまが欲しかったのは、7人乗りのワゴンではなくて、「両親と同居したときに使いやすいクルマ」だったのです。

これが裏ニーズです。

本当にお客さまが求めていることにフォーカスして提案できるので、正確であると同時にお客さまに「この販売員は自分のことをよく理解してくれていて信頼できる」という印象を与えることが可能になります。

このお客さまが他メーカーのクルマも検討しているとしても、信頼度が高い分だけこちらの成約率が上がるのは容易に想像できますよね。

3つの質問のゴールは、まさにこの裏ニーズを引き出すことなのです。

未来を聞きたければ過去を聞け！

3つの質問（①過去の質問、②現在の質問、③未来の質問）のなかで、裏ニーズを聞き出すものは③未来の質問になります。

- 何が欲しいのか？
- これから先どうしたいのか？
- 将来どうなりたいのか？

ニーズというのは、これから先のこと、つまり「未来」です。ニーズを聞き出すということは、未来のことを聞くということになるのです。

ところが、もうおわかりのように、それは簡単には聞き出せません。

私はセミナーでよくこんな質問を、一人の参加者に向かっていきなりします。

「明日のお昼は何を食べますか？」

すると聞かれた人は、たいてい困った表情をして考え込んでしまいます。

当然です。明日のお昼ごはんのことなど、普通は考えてもいないからです。

あなたはいかがですか、こんな質問をいきなりされたら、やはり答えにくいですよね。

明日のお昼というのはこれから先、つまり未来の質問です。

一般に人は、未来の質問をされると答えにくいものなのです。

そこで、今度はこんな質問をしてみます。

「昨日のお昼は何を食べましたか？」

「え〜と、ラーメン定食でした」

これは過去の質問なので、聞かれた人は比較的簡単に答えられます。

それを受けて今度は現在の質問をします。

「では、今日のお昼は何を食べましたか?」

「うどんでした」

そして、あらためて未来の質問をしてみます。

「昨日はラーメン定食で、今日はうどん、とすると明日は何を食べますか?」

「そうですねえ、麺類が連続したので、明日は何かご飯ものが食べたいですね」

いきなり未来の質問をしても答えが出ませんでしたが、**このように過去から順に聞いていくことで、未来の答えが出やすくなっているのがわかると思います。**

これはザックリとした例ですが、実際のビジネスの場にも当てはめることができます。

つまり、未来を聞きたいときには過去から聞いていけばいいのです。

急に売れる営業マンになった理由

もうひとつ例を挙げます。

私がかつてリクルートで営業していたときのこと。

そこで求人情報を扱う雑誌広告を売る営業を担当していたのですが、前にもお話ししたとおり、当初は全く売れませんでした。

そのときの営業トークはこんな感じです。

「人材募集の予定はありませんか？」

「とくにありません」

「そうですか、今後もありませんか？」

「今は予定していません」

どこに行ってもこんな風に断られていました。

当時はわかっていなかったのですが、今なら断られる理由がわかります。いきなり未来の質問をしていたからです。

売れるようになってからの私のトークはこうなりました。

「今までに人材募集を行ったことがありますか？」

「ありますよ」

「どんな方法で行いましたか？」

「新聞の折込チラシを使いました」

「なるほど、それは今でも使っていますか？」

「いえ、今は使っていません」

「え、どうしてですか？」

「採用してもすぐに辞めてしまうことが多いので……」

「そうなんですか。すぐに辞められてしまうと、採用や育成にかけた経費も無駄になってしまいますからね」

「そうなんです」

「でも、今後も、ある程度の人材採用は必要なのですよね？」

「はい、そうなんです」


このあと、折込チラシよりは値段が高いが、より定着率の高い採用ができるという求人情報誌のメリットを伝えて商談につなげていました。


私のトークがどう変わったか？

もうおわかりでしょうが、過去から聞くトークに変えたところ、スムーズに会話ができるようになり、結果として売上が上がるようになりました。

当時はこれを理由もわからずに行っていたのですが、今振り返ってみると、過去から順に聞いていくことで、お客さまのニーズを正確につかむことができるのを体験として理解していたのかもしれません。

あなたも実際にワークをやってみましょう！

セミナーで行うワークの課題はたくさん用意しています。同じような課題に対して何度もワークを繰り返すことで、コツをつかんでほしいからです。

そこで、今度はあなたも一緒にワークを体験してみてください。

設定は同じで、カーディーラーでのやりとりです。

あなたは販売員なので、お客さまの心の中はわからない状態からのスタートです。

過去から聞くということを意識しながら一緒にやってみましょう。

あなた　「いらっしゃいませ、今日はおクルマをお探しですか?」

お客さま　「はい」

あなた　「何か具体的にお考えですか?」

お客さま　「そうですね、4ドアのクルマを検討しています」

さてこのあとどうしますか?　ここで、お客さまの言葉どおりに4ドアのクルマに絞って話を進めてしまうと、なかなか裏ニーズにたどり着けないことは、もうわかっていますよね。そこでいったん過去の質問をします。

あなた　「なるほど。ちなみに今まで乗っていたのはどんなおクルマですか？」

お客さま　「2ドアのクーペです」

あなた　「そうですか、それを買い替えたいということですね」

お客さま　「はい」

あなた　「なるほど、何か買い替える理由がおありなんですか？」

お客さま　「はい、ちょっと、家族が増えるもので……」

あなた　「とおっしゃいますと？」

お客さま　「子どもができる予定なんです」

いかがでしょう。なぜ4ドアのクルマが欲しいと言っているのかがわかってきました。正確には「4ドアのクルマ」ではなく「赤ちゃんが生まれるので、それに合わせたクルマに買い替えたい」というのが見えてきます。

これで裏ニーズをつかむことに成功しました。

ちなみにこのワークの答えはこれです。

①今まで乗っていたクルマ	2ドアのクーペ
②現在欲しいクルマ（表ニーズ）	4ドアのクルマ
③そのクルマが欲しい理由（裏ニーズ）	子どもが生まれるから

セミナーのワークとしてはここまででOKなのですが、実際の営業の場面ではこの先があります。続けて見ていきましょう。

あなた　「そうなんですか！　おめでとうございます！」
お客さま「あ、ありがとうございます」
あなた　「それは楽しみですね。いつ頃のご予定なんですか？」
お客さま「3カ月後くらいです」
あなた　「だから、今からクルマを買い替えようと……」

お客さま「そうです」
あなた「わかりました。ではいくつかカタログをお持ちしますので、こちらでお待ちください」

さて、ここであなたならどんなクルマのカタログを用意しますか？
少し想像してみてください。

ちなみに私なら、ポイントとして、

■後部座席も乗り降りしやすい
■安全性が高い
■振動が少なく静か
■慣れていない人でも運転しやすい
■オプションのチャイルドシート
■ベビーカーなども乗せられる

などを挙げて、それに合ったクルマを選択肢とするでしょう。生まれてくる赤ちゃんにやさしく、お母さんにも使いやすいというのを前面に出して、説明するようにします。

このように相手の裏ニーズをつかむと、販売員もポイントが絞れるので説明しやすいですし、お客さまにとっても興味深く聞けます。このお客さまの場合は、4ドアではなく乗り降りしやすいスライドドアのほうがよいのでは、というような提案もできます。

単に4ドアのクルマのカタログを並べて見せて「どれにしますか？」などと言うのに比べると、説得力が断然違ってきます。

お客さまの心に圧倒的に響くというのも容易に想像できると思います。

これで、過去から聞くことの効果をご理解いただけたことでしょう。

では、なぜ過去から聞くとよいのでしょうか？

1 過去の質問

記憶をたどる質問には答えやすい

なぜ過去の質問をすると相手は答えてくれるのでしょうか。

その理由のひとつに、記憶しているものに関する質問には答えやすいというのがあります。既知の事柄を思い出す作業だけで済むからです。

これから先のことを想像するよりも、過去のことを思い出すほうが容易です。

脳の使い方に違いがあり、それだけ簡単に答えられると言えます。

まあ、あまりにも昔のことを聞いたら、それはそれで思い出しにくいでしょうが、少し過去にさかのぼる程度なら、簡単に思い出すことができるでしょう。

過去の質問というのは簡単なので、答える側もそれほど悩んだりしなくて済みます。ということは、相手にストレスを与えないのです。

いきなり未来の質問をすると、相手を悩ませてしまい、結果としてストレスを感じさせてしまいます。最初からストレスを与えてしまっては、その後の会話も重たくなってしまうでしょう。

会話のキャッチボールというのを聞いたことがあるでしょう。とくに初対面の場合などでは、どちらかが一方的に話すよりも、何度か会話を交わしたほうがスムーズに話がはずみます。お互いの気持ちもほぐれて親しみがわいてきます。**過去の質問には、会話のキャッチボールをしやすくする効果もあるのです。**最初のうちはできるだけポンポンとリズムよく会話を繰り返すことが大切なので、そのためにも相手が答えやすい過去の質問をするとよいのです。

相手の思考を原点に戻すことが大切

いきなり質問されても答えに困ってしまうケースがあります。

「将来はどんな趣味を持ちたいですか？」

こう聞かれてすぐに答えられる人はどれくらいいるでしょうか。

私も含めて、普段からあまり考えていないことについて急に質問されても、普通は思考がついていきません。いきなり「趣味」という単語が出てきても、まだ脳が趣味について考える準備ができていないのです。

これは先ほど出てきた「明日のお昼は何を食べる？」というのと同じです。お昼ごはんについて考えていないのにいきなり質問されても、すぐにイメージできません。

そこで過去から聞くようにしてみます。

「今までどんな趣味をお持ちでしたか？」

これならそれほど悩むことなく答えられるはずです。

その際の思考の流れとしては、

子どもの頃は、切手を集めていたなあ。

↓

高校生の頃は、ギターにはまったなあ。

↓

大学生の頃は映画ばかり観ていたっけ。

このように脳が「趣味」について思考し始めています。自分のなかでの趣味の歴史を振り返ることで、思考が原点に戻ります。

こうすると「趣味」についての話がスムーズにできるようになり、冒頭の「将来はどんな趣味を持ちたいですか？」という質問にも答えやすい脳の環境ができますよね。

過去の質問をするということは、本当に聞きたいことに対して意識を持たせて、

思考しやすくさせる効果があるのです。

2 現在の質問

「過去」と「未来」をつなぐ「現在」の質問

過去の質問をすると、簡単に相手の答えを引き出せることがわかりました。

次の手順は、過去と未来とをつなげることです。

ここでは保険の営業の例で見てみましょう。

営業マン　「初めて保険に入ったのはいつ頃だか覚えていますか?」(過去の質問)

お客さま　「はい、社会人になってすぐのときです」

営業マン　「そうですか。それはどんなタイプの保険でしたか?」

お客さま「よく覚えていないんですけど、3000万円くらいの保険だったと思います」

営業マン「なるほど。それは今でも続けているんですか?」（現在の質問）

お客さま「いいえ、途中で解約しました」

いかがでしょうか。**「過去」から聞き始めると自然な流れで「現在」のことも聞くことができます。**これで、このお客さまの過去と現在における保険に関する情報が入りました。

ここで注目するところは、過去に契約していた保険を現在では解約しているという点です。過去から現在に至るまでに、何かが起こって「変化」しているということです。

その変化を見逃してはいけません。

営業マン「あ、解約されたんですか。どうしてですか?」

お客さま「担当の人と少しトラブルになってしまって……」

過去から現在までを結ぶ途中に「変化」している点がある

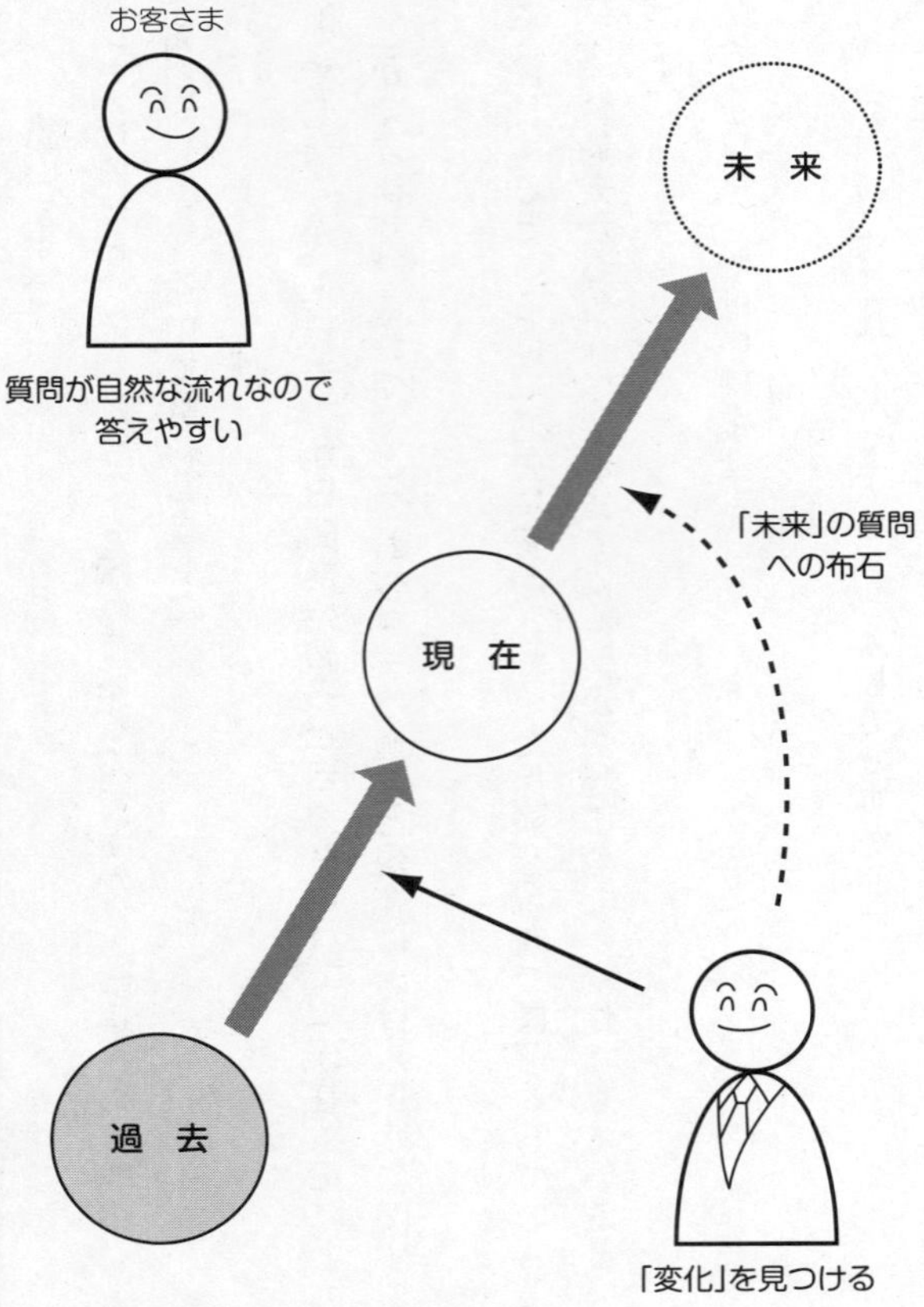
お客さま
質問が自然な流れなので
答えやすい
未来
「未来」の質問
への布石
現在
過去
「変化」を見つける

このように過去から現在までの「変化」を見つけたら、その「理由」を突っ込んで聞くようにしましょう。そこにそれまで見えなかった「課題」が隠されています。

そしてこの課題こそが、その先の「未来」の質問への布石になっていくのです。

過去からの変化がわかれば打ち手が見える

人は生きているなかで、様々な変化があります。働いていれば、転勤、昇進、転職などがありますし、結婚や転居なども人生のなかでの変化と言えます。

保険を例に考えてみても、その「変化」の際には保険内容を見直したりするものです。

長く保険に加入している場合でも、何かのきっかけで契約し直すことも考えられるでしょう。

このように「過去」から「現在」までの過程を聞くことで、次の「未来」につながる打ち手が見えてくるのです。

ワークで使っているクルマを買いに来たケースで見てみると、「クルマを買いたい」と思って行動を起こすときには、お客さまにはなんらかの理由があり、それに伴う意思決定を行っています。そこが大きな決め手です。

今まで乗っていたクルマを買い替えるには、それなりの理由があります。それを聞き出すことが、その後の商談の大きなカギになるのです。

過去に2ドアのクーペに乗っていたのに、4ドアのクルマを探しに来たということは、その過程になんらかの変化があったということです。

それが環境の変化なのか、気持ちの変化なのか？　いずれにしても、何かの理由があるからこそ、お客さまはお店に来ていると言えます。

過去の質問から現在の質問をすることで、その理由を明らかにすることができます。

さらに言うと、その理由はある程度の予測が可能です（予測に関しては176ページでも詳しく解説しています）。

■家族が増える
■駐車場の問題（引っ越し）
■運転のしやすさ
■コスト（燃費など）

ざっと考えるだけでも、これくらいの理由が予測できます。その道の専門家ならもっと細かく予測することができるでしょう。

そしてこの予測こそが「未来」の扉を開けてくれるのです。

3 未来の質問

本音を自然に引き出せる未来の質問

過去と現在を聞くことができれば、もうゴールは目の前です。

過去からの経緯を踏まえて未来を聞けばいいのです。
もう一度、保険営業の続きで見てみましょう。

営業マン「担当の人とトラブルになって解約したんですか。相当なトラブルだったんでしょうね?」

お客さま「まあ、ちょっと頭にきましてね」

営業マン「どんなことだったんですか?」

お客さま「担当がコロコロ代わるんで、確認したいことがあってもすぐに答えが返ってこないんです。やっぱり引き継いだ人だとそれほど親身になってくれなくて、質問するとなんだか面倒くさそうに応対されたりして……」

営業マン「なるほど~。それは頭にきますね」

お客さま「そういうことが何度か続いたので解約したんです」

営業マン「そうだったんですか。で、それっきり?」

お客さま「はい、そうです」

営業マン「同じ保険業界の人間として、申し訳なく思っています。でもいつかは保険に入ることは考えられているんですよね？」

お客さま「まあそうですね。そのうちには」

営業マン「ちなみにですけど、弊社の顧客フォローサービスは24時間いつでもお答えできるシステムになっています」

お客さま「そうなんですか」

営業マン「契約したときよりも、契約後のサービスを充実させるというのが、弊社のひとつの売りになっていますので」

お客さま「なるほど、それはいいですね」

いつの間にか自社商品の説明が始まりましたが、売り込みくさされはありませんよね。

自然な会話の流れのなかで、自社の特徴を伝えることに成功しています。

これがいきなり、

「弊社の特徴は、契約後のサービスを充実させているところです」

などという説明から入っても、お客さまはまともに聞いてはくれないでしょう。

過去、現在と聞くことで相手の課題やこだわりがわかり、それに沿って話をしているのでスムーズな流れができるのです。

ところで、この会話のなかで未来の質問をしているのですが、それがどこだかわかりましたか?

営業マン「同じ保険業界の人間として、申し訳なく思っています。でもいつかは保険に入ることは考えられているんですよね?」

この部分です。

今は保険に入っていないとのことですが、今後は考えていますか、という質問です。

これも同じくいきなり聞いても、たいていのお客さまは「いえ、とくに考えていません」などとはぐらかすのが通常ですが、このように会話の流れに沿って聞けば、お客さまは〝本音で〟答えてくれます。
それがこのセリフです。

お客さま　「まあそうですね。そのうちには」

このセリフは言質《げんち》といって、とっても重要なものなので後の第5章で詳しく解説します（173ページ）。
いずれにしても、キーとなる答えを自然な形で聞き出すことに成功しています。

さかのぼることで相手の人物像が見えてくる

過去からの変化のポイントがわかると、もうひとつ重要なことがわかってきます。
それは、お客さまの行動や思考のパターンがある程度、読めるということです。
先ほどの保険を解約した理由を聞けば、この人は対応やフォローに不満を持つと解約するくらいに怒るタイプなんだなということがわかります。

逆に言うと、その点をきちんと押さえておけば、納得してくれる可能性が高いと予測できます。

なので、営業マンはさりげなく、

営業マン「ちなみにですけど、弊社の顧客フォローサービスは24時間いつでもお答えできるシステムになっています」

というセリフを会話に加えて、アピールすることができました。

過去からの流れを受けているので、説明っぽくなっていないところがポイントです。

その証拠に、これを聞いたお客さまの反応も悪くないでしょう。

過去にさかのぼって聞くことで、相手の人物像が見えてきます。そうなるとこちらからの適切な打ち手も予測できるようになります。

「この人なら、こんな情報に食いつきそうだな」

「今はこの部分には触れないほうがいいだろう」

「どうやらここに興味がありそうだから、重点的に説明しよう」

などのように、戦略が立てられるのです。


そして、会話の流れがそのようになると、お客さまはどう感じると思いますか？


「この営業マンは、こちらのことをよく理解してくれている」

「そのうえで、適切な説明をしてくれる」

「この人なら信頼して任せられそうだ」

というようになります。


お客さまとしても気持ちよく会話ができるので、自然に本音でしゃべることにも抵抗がなくなるのです。

商談や交渉も、これならうまくいくと思いませんか。

そして実際にうまくいくのです。

＊

いかがでしょうか。これが３つの質問です。

単純ですが、その効果が絶大なことをおわかりいただけたと思います。

実際にやってみると実感できるのですが、特別なトークを使うわけでもないので、思いのほか簡単です。

しかも、とてもテクニックを使っているようには見えません。そこが大きなポイントです。

ぜひ、実戦の場で試してください。

この章の最後に、３つの質問を使った会話例をいくつかご紹介します。

ご自身が実際にやりとりする場面を想像しながら、参考にしてください。

過去→現在→未来　とたどることで、人物像が明確になる

過　去
現　在
未　来

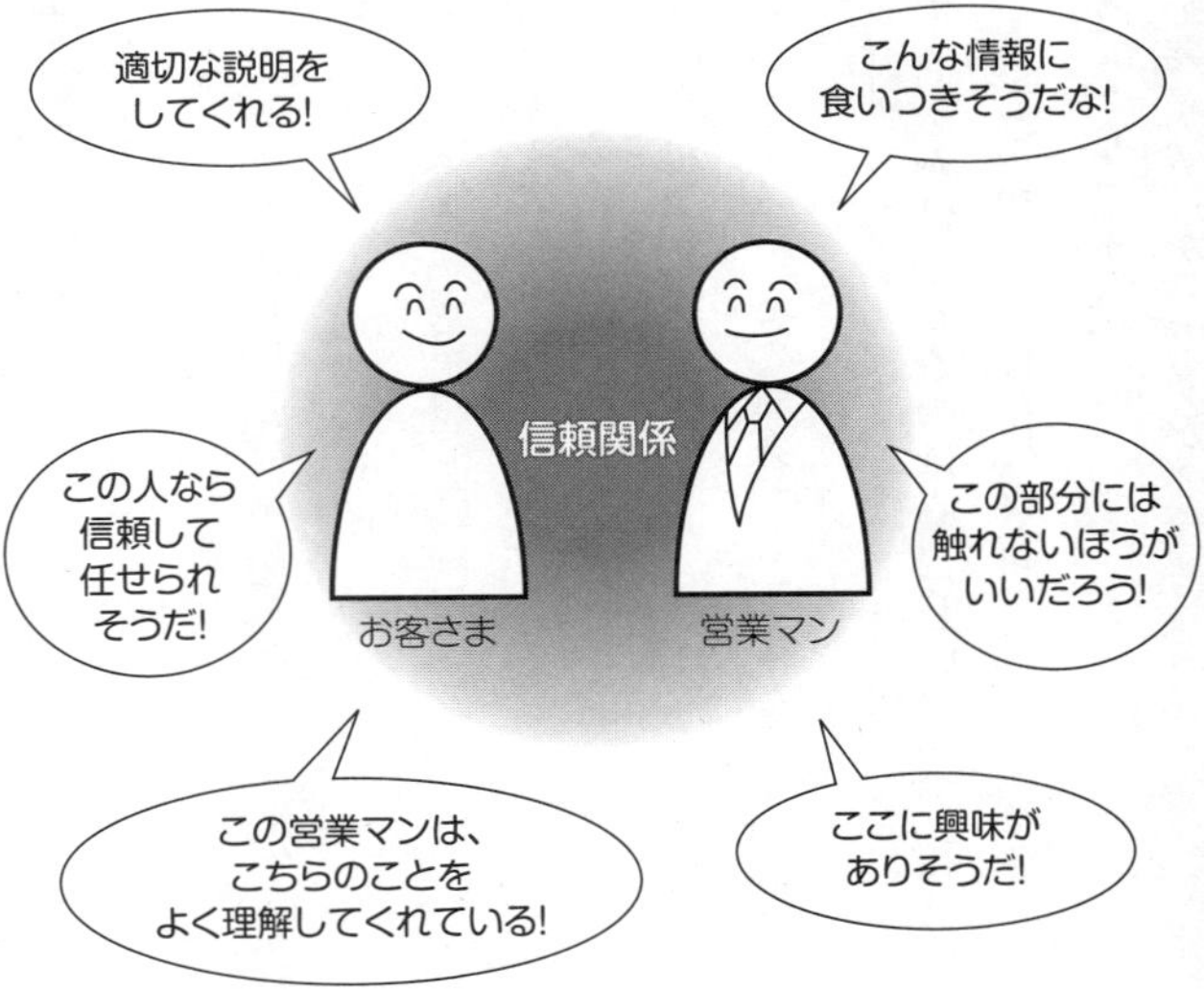
適切な説明をしてくれる!
こんな情報に食いつきそうだな!
信頼関係
この人なら信頼して任せられそうだ!
この部分には触れないほうがいいだろう!
お客さま
営業マン
この営業マンは、こちらのことをよく理解してくれている!
ここに興味がありそうだ!

事例①　ホームページ作成会社の営業例

営業マン「御社のホームページ（以下ＨＰ）を拝見してきましたが、これはいつ頃作成されたのですか？」（過去の質問）

お客さま「確か5年前くらいだったと思います」

営業マン「なるほど、そうですか。ご自分で作られたのですか？」

お客さま「いいえ、知り合いのデザイナーが無料でやってくれました」

営業マン「いいですね、そういうお知り合いがいると」

お客さま「ただ、修正をしたいと思っても、気兼ねしてなかなか頼みづらいということもあります」

営業マン「確かに、ただで手間をかけさせるのは心苦しいですよね。それで、最近は更新されていますか？」（現在の質問）

お客さま「いいえ、ここ数年やっていません」

営業マン「それは更新する必要がないからですか？」

お客さま　「やりたい気持ちはあるのですが、どうしても後手後手になっていて……」

営業マン　「なるほど。ちなみにHPから問い合わせなどありますか?」

お客さま　「今は全くないです」

営業マン　「では、HPを作り直せば問い合わせや受注が見込めるとしたら、いかがでしょうか?」（未来の質問）

お客さま　「そうですね。そうなるのでしたら考えてもいいですね」

ホームページ作成会社はたくさんあるので、とても競合が激しい業界です。そこで勝ち抜いていくためには、他社の営業マンとは一味違うところを見せる必要があります。

3つの質問を使うことで、

「お、この営業マンは他とは違ってなんだか話しやすいぞ」

と思ってもらうことができるでしょう。

事例②　システム開発会社の営業例

営業マン「今までにこのようなシステムを導入しようと思ったことはありますか？」（過去の質問）

お客さま「あります」

営業マン「それはどんなものだったのですか？」

お客さま「3年前に導入を検討したのですが、費用対効果が見込めなかったので結局はやめました」

営業マン「そうですか。では、現在も人の手で作業されているのですね？」

お客さま「そうです」

営業マン「何か不都合などはありませんか？」（現在の質問）

お客さま「人為的なミスがどうしても出てしまいますね」

営業マン「なるほど。そのミスをチェックするために、さらに人件費もかかっているのでしょうね？」

お客さま　「そうですね」
営業マン　「今後の作業量は増えていく感じなのですか？」（未来の質問）
お客さま　「はい、年々増えています」
営業マン　「ちなみにですが、システム導入の費用は以前と比べてかなり安くなっています」
お客さま　「そうなんですか」
営業マン　「弊社のシステムは比較的低コストなので、一度導入後の試算をさせていただきたいのですが、いかがでしょうか？」

私のセミナーへの参加者のなかで、比較的多いのはシステム開発会社の営業です。競争が激しいうえに、自社の特徴をうまく伝えにくいというのが共通した課題のようで、みなさん真剣に悩んでいます。

さらに、システムというのは目に見えない商品なので、それをどうイメージしてもらうかという難しさもあるようです。

このように商品やサービスで他社と差別化しにくいケースでは、営業マンの対応力で差をつけるのが最も近道です。

相手の裏ニーズをスムーズに聞き出して、それをもとに提案できる営業マンになりましょう。とくにシステム開発などのケースでは、お客さま自身も自社に何が必要なのかをはっきりとイメージできていないことが多いはず。

そこを上手に引き出してあげることができれば、あなたの信頼度がグンとアップして、受注に結びつけることができるでしょう。

事例③ ヘアサロンでの接客例

店員　「いらっしゃいませ。こちらは初めてですか?」

お客さま　「そうです」

店員　「ありがとうございます。本日はどのようにいたしましょうか?」(現在の質問)

お客さま「ちょっと短めにカットしたいんですが」
店員「わかりました。ちなみに以前はどのくらいまで短くしたことがありますか？」（過去の質問）
お客さま「そうですね、首筋が出るくらいまでだったかなあ」
店員「なるほど。今日もそれくらいにしますか？」（未来の質問）
お客さま「それより少し長いくらいでお願いします」
店員「承知しました」

カーディーラーの例もそうですが、店舗で来客を待つケースでは、②現在の質問→①過去の質問→③未来の質問の順にしたほうがスムーズに聞けることが多いです。

相手の要望の「基準」を正確に聞くことで、こちらもミスなく作業ができるうえに、初めてのお客さまにも安心してもらえる効果があります。

いずれも、過去と現在を聞いて、それを基準に未来の質問をしています。あなたも自分の商品やサービスならどのような質問をすればよいかをイメージしてみてください。

次章では、3つの質問をより使いこなすための応用法について解説します。

第4章

3つの質問を さらに高度に 応用してみよう

3つの質問を活かすも殺すも「応用」次第

前章で3つの質問の基本部分をお話ししましたが、いかがでしたでしょうか。要は「過去」「現在」「未来」の質問を順にしていくだけなので、構造はいたってシンプルだというのがおわかりいただけたと思います。

さっそく試してみたい！という方もいるかもしれませんが、もう少しお待ちください。

もちろん基本だけでも十分な効果は期待できますが、せっかくなのでさらに磨きをかけることをオススメします。

ご存じのとおり、人間の会話というのは、コンピューターゲームのように、こう言ったらこう答えが返ってくるなどという単純なものではありません。

文字で書くと、言葉という記号のやりとりでしか表せませんが、実際の会話ではもっと他の要素が絡んできます。

その場の雰囲気であったり、相手との距離、お互いの表情や声なども大きく影響してきます。「はい」と言葉に出さずに、ただうなずくだけのほうがよい場合もあります。

単純に過去から聞けばいいいんだと早合点してしまうと、かえって逆効果になることもあるのです。

そんなときに必要なのは、いかにその場に応じて対処できるかということ。

いわゆる応用力です。

基本の上にしっかりと応用が加われば、対処のバリエーションは飛躍的に増えます。

その分こちらのミスも減りますし、相手の対応も良くなることが期待できます。

そこでこの第4章では、3つの質問の基本型を軸に、さらに効果を高めるために必要なことをまとめました。

まあ、応用といっても、普通の人と比べてかなり表現力の乏しい私ができる範囲のことなので、それほど難しいことではありません。気軽におつきあいください。

まず質問の前にこれだけはやっておこう

ちょっと思い出してみてください。あなたの今までの経験で、相手に何か質問したときに、「なんだか反応が悪いな」と思ったことはありませんか?

何を聞いてもハッキリ答えてくれないし、歯切れも良くなかったこと。

もちろん、相手が忙しかったり体調が悪かったりしても、そのような反応になったりしますが、かといって質問の仕方が悪かったかというと、そうとばかりも言えません。

相手の反応が悪いときは、

「まだ相手が質問を受ける態勢になっていなかった」ことが多いのです。

質問を受ける態勢になっていない人には、どんなに鋭い質問を浴びせても無駄です。心から答えてはくれません。当然、本音で話してくれることもありません。

これは相手があなたを警戒している状態です。


「何か質問してきたけど、そのまま答えていいのかな？」

「そもそもこの人は信用できるのかな？」

「素直に答えたら後で面倒なことが起きるんじゃないかな？」


まだあなたと信頼関係ができていない人は、このように考えてガードを上げています。

とくに初対面のときには、その傾向が強くなります。


そんなときはどうするか？　答えは**「雑談」**です。

相手の警戒心を解くには雑談が有効なのです。

先日も保険の営業マンが我が家にやってきて、

「あれ？　これは何か入ってるんですか？」

と我が家のリビングにある大きな水槽を見ながら第一声で聞いてきました。その人とは初対面です。

「カメがいるんですよ」

「え、カメですか？　どこに？」

「ほら、この板の下ですよ」

「あっ、本当だ！　デッカイですね～」

「ははは」

「何ガメですか？」

という感じでしばらくカメの話をしたあとで、本題に入ってきました。

そのときにはもう私はリラックスしていて、警戒心もかなり消えていたので、スムーズに商談を受けることができたのです。

もちろん、いろいろな質問もされましたが、何の違和感もなく答えることができました。


雑談のポイントは、できるだけ相手側の話題を見つけて会話をつなぐことです。

今回も「我が家にいるカメ」という私側の話題だったので、私の心のガードも

質問前の効果的な雑談例

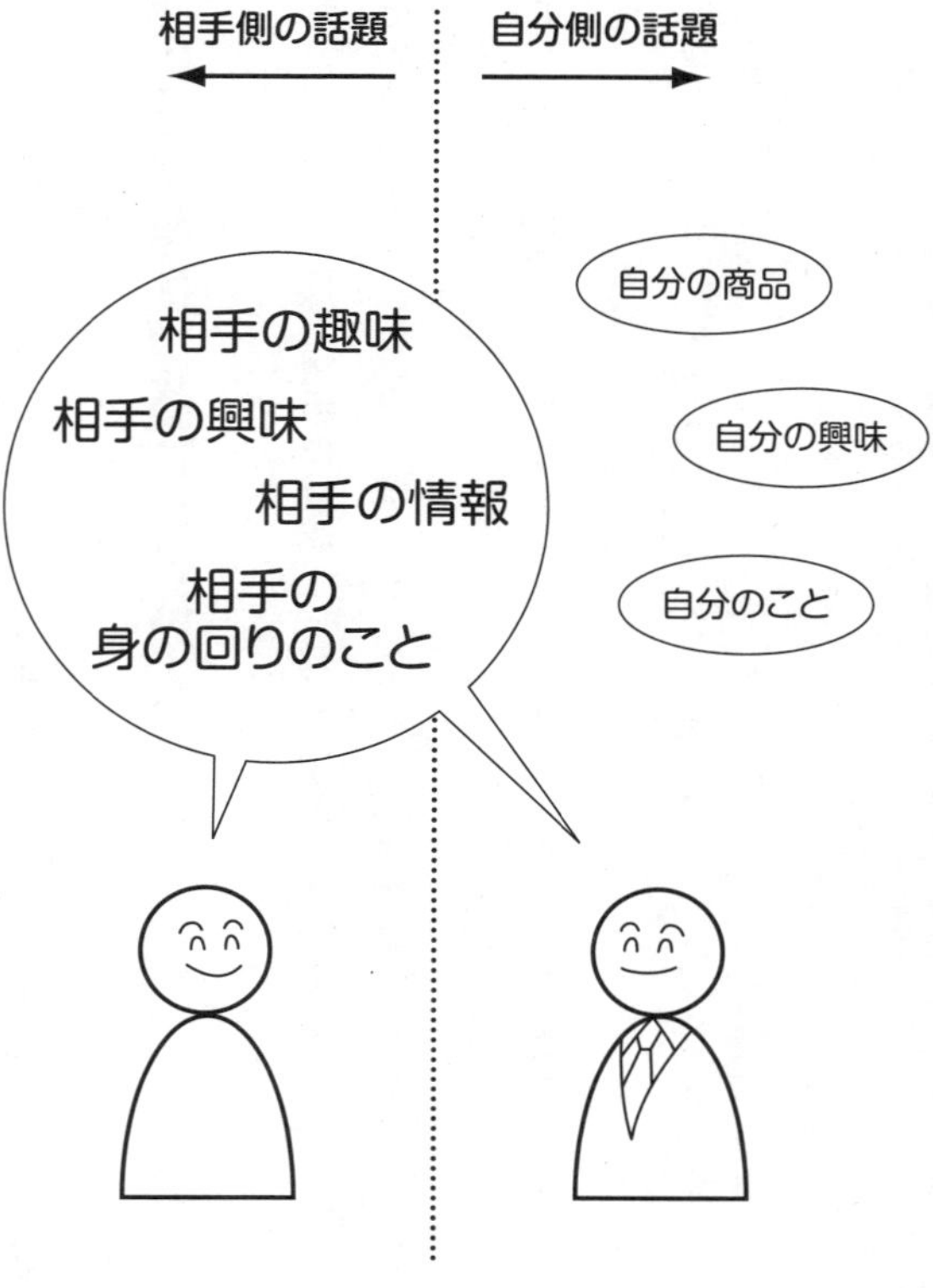

相手側の話題
自分側の話題
相手の趣味
相手の興味
相手の情報
相手の
身の回りのこと
自分の商品
自分の興味
自分のこと

相手側の話題で雑談をすることで、
質問に答えやすい場をつくる。

下がりやすくなりました。

まず質問の前にしておくこと、それは**相手の警戒心を取り除くことです。**

3つの質問は「雑談」にも有効！

何か質問する前には、相手の警戒心を解くために雑談をするのがセオリーです。

でもその雑談がどうにも苦手で……という人もいますよね。私も営業になりたての頃はずっと苦手でした。

こちらから何かを話さなきゃと思えば思うほど緊張してしまって、

「……あ、あの……、今日はいい天気ですね……」

「そうですね」

「………」

「………」

こんな感じでいつもいやな空気になっていました。もちろんその頃は営業成績も悪いままでした。

でもあることに気付いてからは、初対面の人との雑談にも困らなくなりました。それは、**雑談も質問から始めればいい**ということです。

以前の私は、雑談というのは自分の頭の中からとっておきの話題を引っ張り出して、それを面白おかしく話をするものだと思い込んでいました。誰かと話すときにも、脳の中を懸命に検索して話題を探していたのです。

しかし、もともと話題のストックなどないので、どんなに探しても出てくるはずがありません。結果として、ひとりで悶々と考え込んでしまい、言葉にならなかったのです。

雑談がうまい人をじっくりと観察していると、相手に質問をして答えてもらうということを繰り返していました。自分の話を相手に聞かせるのではなく、相手の話をじっくり聞くというスタイルです。それでいて、会話はものすごく盛り上がっていました。

なるほど、**頑張って自分がしゃべるだけが雑談じゃないんだ**と、気づいたのです。

その視点で思い返してみると、トークの達人と呼ばれている人たちも、質問をうまく使って会話を広げていました。

たとえば、かつて「笑っていいとも！」で司会をしていたタモリさん。毎回ゲストを読んでトークをするテレフォンショッキングというコーナーを見てみると、驚くべき事実がわかりました。


「前にお会いしたのはいつ頃でしたっけ？」

「たしか5年くらい前だと思います」

「あのときは、まだデビューしたてでしたよね？」

「はい、右も左もわからなくて、いろんな方に助けていただきました」

「それが、いまや売れっ子ですからね～。いま忙しいでしょう？」

「はい、おかげさまで」

「すごいですね〜。そして今度歌も出すとか？」
「そうなんです。歌手になるのは子供の頃から夢だったんです」

実際には途中でもっと話題を掘り下げていましたが、たいていがこのような流れになっていました。これってよく見ると、3つの質問そのものだったんです。過去の質問から入って、現在、そして未来の質問をして、ゲストの今後の活動について聞き出していました。

タモリさんは、自分で面白い話をするよりも、ゲストにたくさんしゃべってもらうことを心がけていたように見えます。そんな彼が実際に3つの質問を使っていることを知って、私はより一層自信を持ちました。

雑談に困ったら、過去の質問から入ることを、私は実践しています。

質問に答えるのは人間の本能だった

本書の主題である「質問」というのは、とても便利なアクションです。というのも、人は質問に対して本能的に答えようとする性質があるからです。
どんなに仲が悪い者同士でも、質問に答えようとして体が反応します。逆に質問されても答えないようにしようとすると、それが苦痛になってきます。体が反応しようとしているところを意識的に止めるとストレスになってしまうのですね。

刑事ドラマなどでよくあるシーン。何度も質問を浴びせかける刑事とそれに応じない容疑者のやりとり。これも質問することによって相手にプレッシャーを与えているのです。

黙秘を続けようとしている容疑者にあえて質問をし続けて、質問に答えないでいることのストレスを蓄積させます。そしてその後に答えやすい質問をさらりと行うと、少しずつ口を割り始めます。

刑事が昔話をし始める場面などがそれです。

「おまえは昔から正義感が強くて、ムチャなけんかもしていたよな」

「……」

「あのときだって、仲間を助けるために罪を犯したんだろう?」

「……」

「なのに今回は随分と自分勝手だよな」

「……何もわかってないくせに……」


などと少しずつ反応し始めたりします。

これも3つの質問を応用していると言えるでしょう。

このように考えると、答えやすい質問と答えにくい質問を使い分けることによって、相手の気持ちを左右することが可能になります。もちろん、相手が答えやすい質問をしていくのがビジネス成功への近道であることは言うまでもありません。

いずれにしても、質問に答えようとするのは人間の本能だということを覚えておいてください。

プロのアナウンサーも活用している

以前、知人のプロアナウンサーと話をする機会があったのですが、そのなかでとても興味深い話がありました。

プロのアナウンサーというと、話が上手という印象が強いのですが、実際はそれ以上に、聞き出す力が必要だというのです。

例えばインタビュー。とくに個性的なミュージシャンや俳優などへのインタビューは難しいケースがあるそうで、普通に聞いてもなかなか答えてくれないとのこと。

そんなときは、やはり過去から聞いていくそうです。

「お忙しいところ、お時間をいただきましてありがとうございます」

「どうも」

「現在、かなりご活躍されていますね」

「いえ、まだまだです」

「ちなみにですが、デビュー当時からこんなに売れていたんですか？」

「そんなことないですよ。デビューしたての頃なんて、風呂なしのボロアパートで一日一食でしたから」

「そうだったんですか？　当時から今のようなポップなロックスタイルだったんですか？」

「いえ、最初はもっとハードで暗い感じのロックでした」

「そうなんですか。それが、今のように変わったのはどうしてですか？」

「もともと自分がやりたい音楽じゃなかったのですが、当時はハードロックが流行っていたのでついそちらに流されたのだと思います」

「なるほど。では今後の方向性はいかがでしょうか？」

「もう少し落ち着いたバラードも加えていこうかと考えています」


まあ本当のインタビューでしたら、もっと個々を詳しく聞いていくのでしょうが、ここでは省略しました。

インタビューの主旨としては、これからの活動予定を聞きたいのですが、最初からそれを聞いてもなかなか思っているような答えが返ってこないそうです。そこで過去の話を聞くとスムーズに話してくれるとのこと。

また、口が重い人で話が盛り上がらないなあと感じたときも、過去の話題に転じてみると意外にしゃべってくれるなど、応用できます。

過去への質問は相手への「興味」のしるし

本書の主題である、過去の質問から始めると、なぜか自然に未来の質問にも答えてくれるようになります。

私も最初はなぜだかわからずに、その効果のみを活用していました。過去の質問をすると相手がどんどんしゃべってくれるので、いろいろな場で応用していました。その理由が初めて実感できたのは、ある飲み会の席でした。

私は静かでじっくりと話ができるお酒の席は好きですが、大勢でワイワイやる飲み会はかなり苦手です。とくに楽しい話ができるわけでもなく、いつの間にかひとりでポツンとしてしまうことが多くなるからです。

なので、たいていの場合は、隣の人と一対一で話をすることになります。

そのときもある男性と二人で話をしていました。

そして気がつくと、普段は無口な私がほとんど一人でしゃべっていました。

なぜかというと彼の質問が絶妙だったのです。

「どんなお仕事をされているんですか？」

「その仕事を始めたきっかけは？」

「その前はどんなお仕事だったのですか？」

・

という感じに、次々と私に質問をしてきます。このように私に興味がありそうな素振りで聞かれると、こちらも丁寧に答えたくなります。

さらには、聞かれてもいないことまでしゃべり始める自分に、我ながらビックリしました。あまり人に言ったことがない、将来の夢なども勝手にしゃべりたくなるのです。
しかも話しながら自分でも気持ちよくなっているのがわかりました。
こんな無口な私でも、**きちんと聞いてくれる人が前にいたら、気持ちよく話ができるんだ**ということを知りました。

過去の質問をするということは、その人の歴史に興味があるということです。相手のことをより深く知りたいという気持ちの表れです。

自分の過去の歴史やそのときの考え方について、興味を持って聞いてくれる人には、こちらも好意を持ちますし、喜んで話をしたくなるものだと実感しました。

とくに年配の方などに昔の話を聞くと、喜んで話してくれます。
営業マン時代の私は、ただ単にお客さまの話を聞いているだけで注文をもらったことが何度もあります。私はリアクションと過去の質問をするだけで、ほとんど相手がしゃべっていたのに……。

これも今思えば、「自分に興味を持って聞いてくれる感じのいい営業マン」という風に相手には見えていたのかもしれません。

さらに言うと、別にお客さまではなくても気難しい上司にも使えますし、普段あまり言葉を交わさない親との関係を和らげることも可能になります。

ぜひ使って実感してみてください。

相手に気持ちよくしゃべってもらおう！

過去の話を聞くことはよいですが、あまりしつこく根掘り葉掘り聞こうとすると、「詮索」になり「尋問」のようになってしまいます。それでは相手が不快感を覚え、口も閉ざしてしまうので気をつけましょう。

過去の話はあくまでも「興味」を持って聞くことです。

「以前はどんなお仕事をされていたんですか？」

「貿易の仕事でほとんど海外に行っていました」

「そうですか、その前は何ですか？」

「高校で物理を教えていました」

「そうですか、学生時代は何を専攻していたんですか？」

「ロシア文学でした」


これが尋問型の質問です。

確かに過去の質問には違いありませんが、これでは「時間つぶしに聞いてみただけ」だと思われてしまうでしょう。答える気持ちもだんだん萎えてきます。それぞれに質問の掘り下げどころがたくさんあるのに、スルーして次の質問に移ってしまっているのがもったいないですね。

一方、興味を持った聞き方はこんな感じになります。

「以前はどんなお仕事をされていたんですか？」

「貿易の仕事でほとんど海外に行っていました」

「海外ですか、ちなみにどちらですか？」

「インドです」

「インドですか！　行ったことがないのですが、やっぱりカレーとかおいしいんですか？」

「ははは、そんなに毎日カレーではありませんよ」

「ただ、みんなが普通に食べているカレーでも、相当辛いですよ」

「あ、そうですよね（笑）」

「あ、やっぱり」

「でもカレーは日本の家庭の味が一番好きです」

「なるほど、そういうものですか？」

明らかに話がはずんでいるのがわかります。

相手の言葉や相手の人物そのものに対して、興味を持って聞いていれば自然にこのような会話になるはずです。質問する際には、ぜひ心がけるようにしてください。

? 続けて質問をするときに不可欠な「リアクション」

本書に出てくる会話のパターンは、こちらが質問して相手がそれに答えるというものが主軸になっています。

目的は相手の情報を引き出すことにあるので、このパターンで悪くはないのですが、ただ、ともすると質問攻めのようになってしまいがちです。

あまり連続して質問ばかりされるのも、気持ちいいものではありませんよね。

そんなときに、ぜひ使っていただきたいコツがあります。

本文中の会話に、もうすでに出てきていたのですが、お気づきになりましたか？

答えは**「リアクション」**です。

前出の会話例をもう一度見てみましょう。

販売員B　「どういったおクルマをお探しですか？」

お客さまB「ワゴン型で7人乗りくらいのものを考えています」
販売員B「なるほど、ワゴン型で7人乗りくらいのおクルマをお探しということですね」
お客さまB「はい、そうです」
販売員B「そうですか。ちなみに今まではどのようなおクルマでしたか？」
お客さまB「2ドアのコンパクトカーです」
販売員B「そうですか、では今回は買い替えということですね？」
お客さまB「そうですね」
販売員B「コンパクトカーから7人乗りのワゴンへの買い替えをご希望ということは、例えばご家族が増えたとか、でしょうか？」
お客さまB「はい、そうです」
販売員B「差し支えなければ、どなたが増えたのか教えていただけますか？」
お客さまB「両親と同居するんです」
販売員B「なるほど、ご両親と同居するので7人乗りくらいのクルマが必要になったのですね」

傍線のセリフがリアクションになります。

これを使う意味は、大きく2つあります。

まず、こちらの質問に相手が答えてくれたことに対する返事の意味です。質問にきちんと答えてくれてありがとうという感謝の気持ちも含まれています。

せっかく返事をしたのに何も反応してくれないとしたら、だんだん答える気がなくなってしまいます。それでは会話も盛り上がりませんし、なによりも本音が出にくくなってしまいます。

人は自分の発言に対して不安な気持ちがあります。

ちゃんと聞いてくれているだろうか？

つまらない話をしていないだろうか？

質問に対してきちんと答えられたのだろうか？

そんな相手の気持ちを察してきちんと応対してあげたいですね。

逆に言うと、**しっかりとリアクションしてあげれば、相手はより気持ちよく話をすることができるのです。**どんどん気持ちを乗せて本音を引き出しましょう。

リアクションをしながらの会話

どんなパソコンをお探しですか?
ノート型を探しています
なるほど。大きさはいかがでしょうか?
この鞄に入るくらいがいいですね
わかりました。メーカーのご希望はありますか?
いえ、とくにありません
そうですか。ちなみにご予算は?
できるだけ安いものが希望です
承知しました。ではこちらの機種がオススメです
お客さま
営業マン

質問に答えてもらったらリアクションをしてから次の質問をすると会話がうまく回る。

もうひとつの意味は、会話の流れをつなぐ役割です。

リアクションのセリフがないと、会話が一方通行になってしまいます。それでは味気ないアンケートに答えさせられているのと変わりません。

スムーズな会話ができているからこそ、ムリなく相手の本音にたどり着けるのです。

過去から現在、そして未来へと会話の流れをつくるためにも、リアクションを心がけてください。

ただし、相手の答えに対して毎回同じ相づちを打ったり、大げさすぎるリアクションをすると、かえってわざとらしい印象を与えてしまうので、適度に行いましょう。

3つの質問は会話を拡げるタイムマシン

同じ会話でも初対面の人と話をするときには、お互いに緊張しますよね。とくに私はしゃべるのが苦手なので、できれば相手にしゃべってもらいたいと思っています。でも相手も口ベタだったりすると、もう会話が続きません。

そんなときも、3つの質問が役に立ちます。

立食パーティの席で、

「こんにちは、はじめまして」

「どうもこんにちは」

ここで名刺交換。

「貿易関係のお仕事なのですか?」

「そうです」

「どういった品物を扱っているのですか?」

「いろいろです」

「そうですか……(話が続かないなあ)」

こんなときこそ、過去の質問をしてみます。

「このお仕事をされてもう長いんですか？」

「いえ、最近始めたばかりなんです」

「ではその前は？」

「ずっと住宅関係のセールスをやっていました」

「そうなんですか。どうして今のお仕事を始めたんですか？」

「海外が好きなので、仕事でも海外に行けるということで転職しました」

「なるほど、では今はあちこちを飛び回っているんですか？」

「そうです」

「いいですねえ、夢が叶って」

「でも、将来的には独立して輸入雑貨の店を開きたいんです」

「それはすばらしいですね！」


最後はこちらから聞かなくても、未来の話を率先してしゃべってくれるようになりました。

このように口の重い人でも、過去のことならすんなりと話してくれます。

もちろん触れられたくない過去は話したがらないでしょうが、その辺は相手の様子を見ながら聞きましょう。

会話が続かないときにも、3つの質問でタイムマシンのように過去や未来に話題を飛ばしてみると、思いのほか話が拡がっていきます。

「意図」をプラスして、より高度な質問を！

今まで述べてきたこととは逆ですが、過去の質問だからといって、必ずしも簡単に答えてくれるとは限りません。答えにくい質問は、過去でも答えにくいものです。

「会社の創業当時はどうでしたか？」

社長へのインタビューで、まずは過去から入ろうとしてこの質問をしました。

でも社長は困った顔をしています。

その理由は、「どうでしたか?」と聞かれてもどこから話していいのかわからないし、そもそもこの聞き手が「何について」聞きたいのかが見えないからです。

答える側としても、できれば相手の意図に沿った回答をしたいという気持ちがあるので、この質問では困ってしまいます。

私はこのような質問をされると、少しイラッとして逆に質問で返します。

「創業当時の何を聞きたいのですか?」

そうならないために使ってほしいのが**「意図」＋「質問」**という質問法です。

こんな答えを期待しているという言葉をプラスして質問するのです。

ちょっとやってみましょう。

同じく社長への質問です。

「今ではこんなに立派な自社ビルをお持ちですが、創業当時はどうでしたか?」

いかがでしょうか。格段に答えやすくなっていますよね。

この質問者の心の意図は、

「今はこんなに大きな自社ビルを持つ会社ですが、創業したときは小さかったのでしょうね。そのギャップについて伺うことで成長の秘訣などを聞かせていただきたい」

という感じでしょうか。もちろんそれは社長にも伝わるので、答えもよりドラマチックなものが期待できます。

聞き手の意図を加えることで、こちらが聞きたい方向性をコントロールできるようになるのです。

「気持ち」をプラスして会話を盛り上げよう

前項の社長への質問もそうですが、ちょっとした違いで、良い質問にも悪い質問にもなることがわかります。

楽しい会話になるか、つまらない会話になるかは、質問次第と言ってもいいでしょう。

そこで覚えておいてほしいのは、会話を盛り上げる質問です。

まあ、もちろん私ができる範囲ですから、大いに盛り上がるというほどでもないですが、相手に気持ちよく答えてもらうことで、結果として本音を引き出しやすくなります。

それは**「気持ち」＋「質問」**です。

お客さまの会社にて、

「こちらの建物はキレイですね～、まだ新しいんですか？」

「はい、去年建て替えたばかりです」

「あ、やっぱり！　儲かっている会社はいいですね」

「まあ、おかげさまで業績は順調です」

お客さまの自宅にて、

「玄関にすごく大きな魚拓がありましたね。ご主人は釣りが趣味なんですか？」

「いえ、あれは私が釣ったんですよ」

「え、奥さんが‼」

「一緒に行ったらたまたま私が釣ってしまって（笑）」

「すごいですねえ、才能あるんじゃないですか？」

友人と会ったときに、

「なんだか高そうな時計してるね、どこで買ったの？」

「海外に行ったときに買ったんだ、高かったんだぜ」

「ちょっと見せてよ」

「この色の文字盤はなかなか手に入らないんだ」


ひとつ感想を加えただけで、会話がパッと明るくなった気がしませんか。

その理由は、**感想には「興味」の意味が含まれているから**です。単に質問をしているのではなく、「興味を持って質問していますよ」という合図になっていたのですね。だから相手も気持ちよく答えてくれるのです。

さらに言うと、感想というのは自分の気持ちです。誰かの言葉でもなく、データでもありません。質問に気持ちがこもっているので相手にもそれが伝わって、相手も気持ちで返してくれるようになるのです。会話がはずむのも納得ですね。

なぜ裏ニーズは当人にもわからないのか？

裏ニーズというのは、裏というだけあって表面からは見えにくいものです。質問する側から見えないのは当然ですが、答える側である当人でさえもわかっていないことが多いのでやっかいです。

さらに言うと、わかっていないことを自覚していればよいのですが、わかっているつもりになっていることが多いので、本当のニーズがどんどん裏のほうに隠されてしまうことになるのです。

カーディーラーでのやりとりなどは、その顕著な例です。

販売員　「どのようなおクルマをお探しですか？」

お客さま「スポーツカーが欲しいのですが」

販売員「なるほど、スポーツカーですね。主にどんな走り方をイメージしていますか？」

お客さま「いや、まあ走りもそうなんですが、カッコいい感じのクルマが欲しいんです」

ここでより具体的なイメージを探るために、過去の質問をしてみます。

販売員「そうですか。ちなみに今までもそういったタイプのクルマに乗っていたのですか？」

お客さま「いいえ、今までは中古の地味なセダンでした」

販売員「ということは、今回はかなりイメージチェンジになりますね」

お客さま「そうですね。まあイメージチェンジが目的かもしれません」

販売員「と申しますと？」

お客さま「これから夏になるので、もっとカッコいいクルマに乗りたいなと思って……」

なんとなくですが、お客さまがスポーツカーを欲しいという真の理由が見え始めました。

販売員　「そうですね。海とかで目立つクルマに乗ると気持ちいいですからね」
お客さま「そうですよね！　なんかそんな気分を味わいたいんです」
販売員　「いいですよね～、彼女とドライブなんて最高ですよね」
お客さま「まあ……、そうですね」（少し言葉を濁す）

ここで販売員は想像します。このお客さまがなぜスポーツカーが欲しいのかを。
そこで、ある仮説を立ててお客さまの反応を見ることにしました。

販売員　「ちなみにですが、最近の傾向として、女性が助手席に乗りたいクルマの1位は、スポーツカータイプではなくて、もっと車高が高くて室内もゆったりしている高級ワンボックスタイプになっています」

お客さま「えっ、そうなんですか？」（食いついてきた）

販売員「はい。高級車というとスポーツカーのイメージが強かったのですが、最近では高級感のあるワンボックス車が人気です。やはり、乗り心地という意味ではワンボックスのほうがいいですからね」

お客さま「なるほど……、じゃあついでにワンボックスも見てみようかな～」（本当はついでではなくてワンボックスに心をひかれ始めている）

販売員「そうですか。今カタログをお持ちしますので、少々お待ちください」

やはり仮説どおり。このお客さまの裏ニーズは「女性にもてたい」だと思われます。

女性にもてるクルマ＝スポーツカーという発想で来店したのでしょう。

自分のなかではスポーツカーしかないと思っていたので、当然ながら高級ワゴンについては考えてもいませんでした。

これが裏ニーズを当人も知らないというカラクリです。

このように、人は自分の思い込みや偏った情報をもとに行動をしがちですが、それはまだ表ニーズの段階であることが多いのです。

ヒアリングをしながら仮説を立てることで、裏ニーズをすくい上げることができます。

こうなると、この販売員は、お客さまの言うことに単に反応するだけでなく、専門家として的確にアドバイスしてくれる存在になるでしょう。当然ながらお客さまからの信頼感も大きくアップするので、売上が期待できるのもわかります。

お客さま自身が裏ニーズの存在に気づいていないことを前提に、商談を進めるようにしましょう。

相手の話に集中しなければ裏ニーズは活かせない

たまに誰かと話をしているときに、フッと別のことを考えていて、相手の言葉が耳に入らなかったという経験はありませんか？　私はよくあります。ときには大事なお客さまと話しているときでも、ボーっと相手の口元を眺めながら「このあと、どこで話を切り出そうかなあ」などと考えている。自分では「うんうん」と相づちを打っているにも関わらず、話に集中できていないときってありますよね。

そんなときに限って、お客さまはとても重要なことをしゃべっていたりします。裏ニーズをポロッと言っていることもあります。せっかく相手が本音をしゃべってくれたのに、それを聞き逃してしまったら、まったく意味がありません。

実際に研修のロープレで、参加者たちが裏ニーズを引き出す練習をしているのを聞いていると、たまに、「あれ？ もう裏ニーズが出ているのにまだヒアリングを続けているぞ」というペアがいます。営業マン役の人が、すでに出ている裏ニーズに気付かずにいるからです。

本当は答えが出ているのに、まだ出ていないと思っている状態。これが実際の営業場面だとしたら大きなチャンスを逃したことになります。だとしたらもったいないことですよね。

それを回避するコツがあります。

それは、**相手の話に１００％集中すること**。

「なあんだ、そんなことか」という、あなたの声が聞こえてきそうですね（笑）。

でも、実際にはそんなに簡単なことではありません。人の話を集中してずっと聞くというのは、想像以上に大変なことですから。

そもそもどうして集中できないのかというと、頭で先のことを考えてしまうからです。

「この話が終わったら、次はこの質問をしよう」

「この次は、この資料を見せて、それから……」

「この後は、いよいよプレゼンだ。きちんと伝えないと！」

まだ、ヒアリングが終わっていないうちから、次のアクションのことを考えていることが原因です。

ということは、その原因を取り除けばいいということ！　つまり相手に質問したら、そのことだけに集中して、次のことは考えない。それがコツです。

そして相手の話に集中するほど、相手は気持ちよく話すことができて、より「本音」が出やすくなってくるのです。

「ああ、この人は、こちらの話を真剣に聞いてくれるんだなあ。話しやすいなあ。だったらあのことも相談してみようかな」

相手にそう思ってもらえたら、ビジネスもうまくいきますよね。

ぜひ、質問したら次のことは考えずに、相手の話に集中することを実践してみてください。それだけで相手の反応が変わってきますよ。

＊

応用編、いかがでしたでしょうか。簡単ですぐにでもできることばかりでしたよね。

どれもちょっとしたことなのですが、だからといってあなどってはいけません。

その小さなことが後々大きな結果を生んでくれます。

一つひとつの積み重ねが信頼につながり、それが本音を引き出すエネルギーに変わります。

そして次はいよいよ最終章です。

引き出した本音をどのようにビジネスに反映させるかを、全体のまとめとともに解説していきます。ここをしっかりと押さえて、明日からのあなたの仕事に役立てていただきたいと思います。

第5章

本音を制するものはビジネスを制する

? 人は本音を共有できる相手を求めている

ここまでお話ししてきたように、人はなかなか本音を言いません。その傾向は年々強くなっています。だからこそ本音を引き出す質問術が求められてきました。

ただ、決して本音を言いたくないということでもないのです。本心では、本音を言いたがっているというのも事実です。

「心のうちを打ち明けたい！」
「心底語れる相手が欲しい！」
「言ってしまってスッキリしたい！」

どんな人でもこのような気持ちを抱えています。

それでも本音を言わずに隠しているのは、相手を警戒していたり、カッコをつけていたり、見栄を張っているなどの、何かしらの理由があるからです。

お酒を飲むとポロリと本音が出たりするのは、ガードが緩んでついつい本音を言いたい欲求が勝ってしまったのです。

相手の本音を引き出すという行為は、こちらの利益につながります。本音を知ることで的確なアプローチができるので、ビジネスにおける成約率が格段に上がるからです。

加えてもうひとつ、大きな効果があります。

それは、本音を引き出された相手にも利益を与えているということです。

「本音を言わせてくれてありがとう！」

言いたかった本音をムリなく引き出してもらえたことへの感謝の気持ちが、あなたに対して芽生えます。

その証拠に、本音を言った相手はあなたに対して、より親しみや信頼感を持ちます。

一段深い関係になることができるのです。そこまでくれば、もう多少のミスやトラブルでは動じないつきあいができるでしょう。

さて、いよいよ最後の章です。

3つの質問によって導き出された「本音」をどう活用すればいいのか？について深く探っていきます。

どんな相手でも饒舌にさせる質問がある

雑誌などで、

「気弱な人のコミュニケーション術」

「相手に伝わる話し方」

「口ベタでもできる営業のコツ」

といったテーマで特集が組まれると、私に声がかかり取材を受けることがよくあります。

取材は、編集者の質問からスタートします。

そこでたまにですが、普段から無口で必要最低限のことしかしゃべらない私が、自分でもビックリするくらいしゃべるときがあります。気がついたら、聞かれてもいないことまでしゃべっていて、ハッと我に返る。でも、それがまんざら悪い気持ちではないから不思議です。

それは、**「答えがいのある質問」**をされたときです。

編集者　「どうして営業には向いていないと思いながら、リクルートに入ったのですか？」

私　「う～ん、なるほど！　確かに変ですよね」

編集者　「……」（じっと私が答え始めるのを待つ）

私　「今まで考えたことがなかったのですが、……おそらく心のどこかで、営業には向いてないけどやればできるのではないかと思っていたのかもしれません」

編集者　「なるほど」（私の次の言葉を待つ）

私　「商品に自信を持って売れる環境で、自分を試してみたいと思ったのが本音の部分だと思います。今まで意識していませんでしたが……」

私はそのあとも、思いのままにしゃべっていました。

自分の心の奥の、自分でも気づいていなかった部分について答えるというのは、難しいパズルに挑戦するような一種のワクワク感があり、とても気持ちがよかったのを覚えています。

そして、それまでの自分では意識していなかった気持ちに気づかせてくれた相手に対して、とっても親しみを感じました。

聞いてくれてありがとうと思われるような、「スルドイ！」質問を狙いましょう。

ポイントは、過去から現在を聞いたときに変化している部分に、鋭いメスを入れるように質問することです。

「なぜ、そこで変化したのか？」

「そのとき、どんな気持ちだったのか？」

変化の部分に対して、より突っ込んで聞くと、「ほほう、そう来たか！」と相手を感心させるような質問になります。

私のような無口な人でも思わずしゃべり出してしまうような、答えがいのある質問をしてみましょう。相手との距離感がグンと縮まります。

「思いやりの沈黙」を上手に使おう！

会話をしていると、ときどき気まずい時間が流れることがあります。

そうです、「沈黙」です。

とくにまだあまり親しくなっていない間柄で、この沈黙がおとずれるとどうしても「何か話さなきゃ」とあせってしまいます。言葉が次から次へとわいて出てくるような人なら平気なのでしょうが、私のような口ベタな人間には苦痛の時間です。

しかしそんなイヤな沈黙も、使い方によってはプラスに作用するものがあるということを知っておいてください。

まず、沈黙になるパターンとしてよくあるのは、こちらが質問したときに相手が何も答えないでいるとき。そしてそのときに一番多いのが、相手が困るような質問をしている場合です。

もうおわかりだと思いますが、いきなり未来の質問をしてしまうと、相手が悩んでしまい、その結果として沈黙になることが多いのです。


「さっそくですが、今後の目標を聞かせてください」

「……」（いきなり答えにくい質問だなあ）

この場合の沈黙は、解決できますよね。

そうです、未来の質問から入ることをやめればいいのです。過去から順に聞いていけば、沈黙になることはなくなります。

そして沈黙になるパターンはもうひとつあります。

それは相手がじっくりと考えているときです。


「どうしてそのとき転職しようと思ったのですか？」

「……」（う〜ん、今まで考えたことがなかったなあ）

相手は同じように黙っていますが、こちらの場合は悩んでいるのではなくて、前向きに考えている時間です。じっくりと考えてもらうためには、ある程度の時間（沈黙）が必要な場面です。

しかしここでよくやってしまいがちなのは、我慢しきれずに沈黙を破る言葉を発してしまうこと。

「何でもいいんです。例えば、上司と合わなかったとか、給与が安かったとか、やりがいがなかったなどの理由があると思うのですが…」

このように質問を補ったり、相手の答えを予測してしまったりすると、せっかくまとまりかけた相手の思考が止まってしまいます。考えているときに話しかけられると不快な気分になりますよね。

相手にじっくりと考えてもらいたいときには、あえて「沈黙」するのが思いやりです。

そのときは、あせっている風ではなく、静かに見守る余裕の表情で待ちましょ

沈黙の良い例と悪い例

う～ん、
そうだなあ～、
どうしようかな～
じっくりと
お考えください
………
………

**相手にじっくり考えてほしいときには、
こちらも余裕を持って返事を待つとよい。**

答えにくい
質問だなあ
なかなか答えて
くれないなあ
………
………

**いきなり「未来」の質問をすると、
相手は答えにくいので沈黙になりやすい。**

う。そんなあなたを見て相手も安心して考えに集中できます。

とくに、裏ニーズを引き出すための質問をしたあとは、じっくりと待つ姿勢を心がけましょう。会話や商談のキーになる大切な部分であるほど、意識的に「沈黙」を活用してしっかりと引き出すことを心がけてください。

本音を引き出したら必ず「言質」をとる

とくに営業などのように相手を説得したりする場合には、必ずやってほしいことがあります。それは言質《げんち》をとることです。

第3章で行ったワークの例を抜粋したので、あらためて見てみましょう。

販売員B　「どういったおクルマをお探しですか？」
お客さまB　「ワゴン型で7人乗りくらいのものを考えています」
販売員B　「なるほど、ワゴン型で7人乗りくらいのおクルマをお探しということですね」

お客さまB「はい、そうです」
販売員B「そうですか。ちなみに今まではどのようなおクルマでしたか？」
お客さまB「2ドアのコンパクトカーです」
販売員B「そうですか、では今回は買い替えということですね？」
お客さまB「そうですね」
販売員B「コンパクトカーから7人乗りのワゴンへの買い替えをご希望ということは、例えばご家族が増えたとか、でしょうか？」
お客さまB「はい、そうです」
販売員B「差し支えなければ、どなたが増えたのか教えていただけますか？」
お客さまB「両親と同居するんです」
販売員B「なるほど、ご両親と同居するので7人乗りくらいのクルマが必要になったのですね」
お客さまB「そうですね」

この傍線の部分が言質をとっているシーンです。

言質とは、後の証拠となる言葉のことです。この例では、「両親と同居するので7人乗りくらいのクルマが必要になった」ということに対して、お客さまの「YES」をもらいました。念を押して同意してもらっています。

このように言質をとることが後で効いてくるのです。

両親と同居するという裏ニーズを引き出せました。これがクルマを買おうと思った動機です。その**動機を軸にして商談を進めれば、ブレなくなります。**

商談をしていると、ときどきお客さまが「でもやっぱりスピードが出たほうがいいかなあ」などと横道に逸れることがありますよね。そんなときに言質を使います。

「でもご両親を乗せるためのクルマですよね」と軌道修正ができるのです。話が脱線するときはお客さまも意識していなかったりするので、「そうだった！」と気づかせることで、スムーズな商談に戻すことができます。

さらにオプション商品などをすすめるときにも、

「このタイヤにするとより静かに走れますよ」
「後部座席用にテレビを付けるのもいいかもしれませんね」
「乗り降りが楽なように、ここに手すりを付けてはいかがでしょうか」

というように、言質に基づいたすすめ方ができます。**相手のニーズに合わせた提案なので自然でムリがないですし、お客さまとしてもより納得しやすくなるはずです。**

裏ニーズを引き出したら、しっかりと念を押すように同意を得て、言質をとることを心がけましょう。

? 本音を「予測」して相手の心をつかむ

人と話をしているとき、自分が伝えたいことがうまく言えないで「え～と、え～と……」と言葉につまることってありませんか？　私などは口ベタに加えて物忘れもひどくなっているので、しょっちゅうあります。

そんなときに相手が「それってこういうことじゃない？」とズバリ言い当ててくれると、「そうそう、それだよ！」と救われた気分になってうれしくなります。

自分が言いたいことや思っていることを当てられるのは、占い師に当てられるような一種の感動すらあります。

このように、自分の気持ちや考えなどを言ってもらえると、うれしいうえに相手に親しみを感じるようになります。

そんな気持ちを相手に味わってもらう方法があります。

過去、現在と質問していくことで、ある程度の予測ができるのです。

カーディーラーの例をもう一度引用してみましょう。

販売員B　「いらっしゃいませ。今日はおクルマをお探しでしょうか？」
お客さまB　「そうです」
販売員B　「どういったおクルマをお探しですか？」（現在の質問）
お客さまB　「ワゴン型で7人乗りくらいのものを考えています」

販売員B　「なるほど、ワゴン型で7人乗りくらいのおクルマをお探しということですね」

お客さまB　「はい、そうです」

販売員B　「そうですか。ちなみに今まではどのようなおクルマでしたか？」（過去の質問）

お客さまB　「2ドアのコンパクトカーです」

販売員B　「そうですか、では今回は買い替えということですね？」

お客さまB　「そうですね」

販売員B　「コンパクトカーから7人乗りのワゴンへの買い替えをご希望ということは、例えばご家族が増えたとか、でしょうか？」（予測の質問）

お客さまB　「はい、そうです」

販売員B　「差し支えなければ、どなたが増えたのか教えていただけますか？」

お客さまB　「両親と同居するんです」

販売員B　「なるほど、ご両親と同居するので7人乗りくらいのクルマが必要になったのですね」

お客さまB　「そうですね」

現在と過去を聞くことによって、2ドアのコンパクトカーから7人乗りのワゴンに買い替えたいというお客さまの気持ちがわかります。

そしてここはカーディーラーです。ベテランの販売員なら実績も多いでしょう。

すると、過去の実績から今回の購入動機をいくつかに絞ることができるのです。

- 家族が増えた（子どもができた、子どもが成長した、両親と同居など）
- 趣味が変わった（アウトドアの趣味ができたなど）
- 仕事に使う（人を乗せて移動、荷物を載せて移動など）

ざっとこんな感じでしょうか。

さらにお客さまの年齢や服装なども参考にすると、より絞られてくるでしょう。

この販売員Bさんは、経験と現状のデータをもとにして「家族が増えたので

3つの質問をした場合としなかった場合の予測的中度

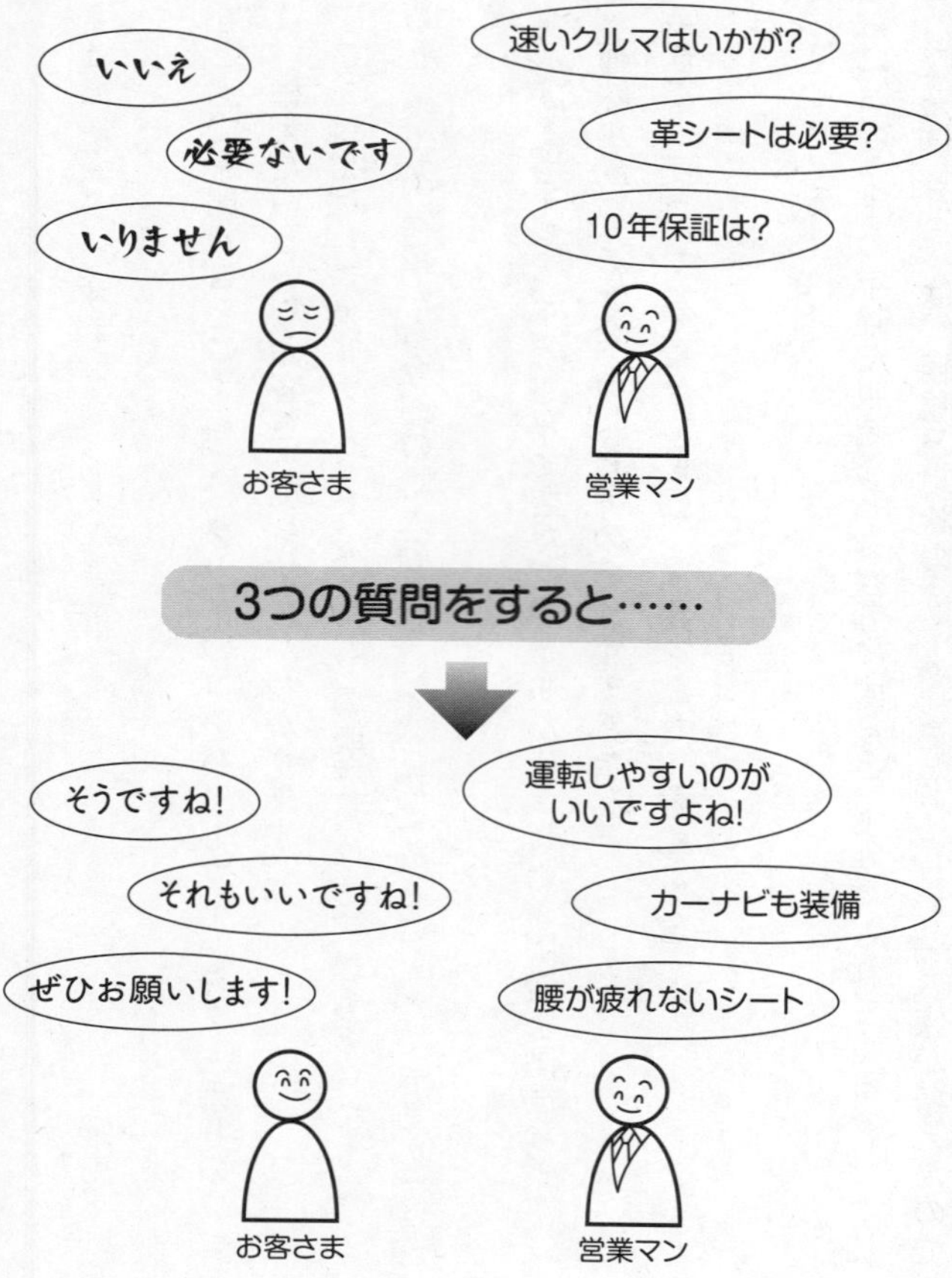

速いクルマはいかが?
いいえ
革シートは必要?
必要ないです
10年保証は?
いりません
お客さま
営業マン
3つの質問をすると……
運転しやすいのがいいですよね!
そうですね!
カーナビも装備
それもいいですね!
腰が疲れないシート
ぜひお願いします!
お客さま
営業マン

は？」と予測したのです。

もちろんその予測は当たっていたので、その後の商談もよりスムーズに進んだことは言うまでもありません。

すなわち3つの質問は、相手の本音を予測して当てることも可能になるのです。

ぜひ、現場で応用してみてください。この販売員さんはよく気がつくなあと思われることに成功すれば、成約がグンと近づくでしょう。

本音を引き出してくれた人に芽生える信頼感

3つの質問を使うことで相手の本音がわかり、それによってあなたのビジネスを加速させるというのが本書のねらいです。

もちろん本音がわかるというだけでも大きなメリットですが、さらにうれしいおまけが付いてくることにお気づきですか？

私はむしろこちらのほうが魅力的です。それは**「信頼感」**です。

もうご存じのように、3つの質問を使って相手の本音を引き出すという行為は、決して無理やり聞き出すものではありません。

自然な会話の流れのなかで、いつの間にかしゃべっていたという類いのものです。

しかもだんだん気持ちよくなってきたりもします。


前にも述べましたが、人は心の中では本音を言いたがっています。

目の前の人が本音を言うに値する人物だと思えば、喜んで話し始めます。

そして隠していた本音を打ち明けたときというのは、秘密を共有した者同士のように、ある種の仲間意識が芽生えるようになるのです。


ある飲みの席で上司と部下との会話。

「ところで、課長の小学生時代はどんな子どもだったんですか？」

「本ばかり読んでいる子だったな」

「そうなんですか、あまりそういうイメージはなかったので意外です」

「まあ、最近ではあまり読まなくなったからなあ」

「なんで読まなくなったんですか？」

「なんでだろうなあ、時間がないというのもあるけど……」

「……」

「ほんと言うとな、一時期小説家を目指したことがあるんだ」

「ホントですか！」

「ああ、まあ遠い昔の夢だけどな」


それまではあまり言葉を交わしたことのなかった二人ですが、この会話以降はお互いに親近感がグッと深まりました。もちろん仕事も信頼し合えるようになり、以前よりはるかにやりやすくなったのは言うまでもありません。

普段の会話ではおそらくしゃべることはなかった過去のことを、思わずしゃべってしまった課長の表情は、晴れ晴れとしたものでした。

そして、いつもは飲みの席でも仕事の文句ばかり言われていた部下も、その日は居心地が良さそうでした。

もちろんビジネスの場でお客さまと本音を共有できれば、商談も断然やりやすくなるでしょう。**過去から現在、そして未来について話し合うということは、お互いの信頼関係を深める効果があるのです。**

そう考えると、3つの質問は、単に情報を聞き出すための手法のみならず、相手からの信頼を得ることを目的として使うこともアリだと言えるでしょう。

苦手な上司との会話は質問で乗り切れる

部下は上司を選べません。イヤな上司に当たってしまったら、それはもう災難です。苦手な上司とは、会社にいてもできるだけ接触しないようにしてしまいがちですよね。その人がいる時間はできるだけ外出したり、お昼も一緒にならないように場所を変えたり、退社時間もずらすなど、顔を合わせないようにすることもあるでしょう。そうすると必然的に会話もほとんどしなくなります。

そしてそのうちに、仕事の報告や連絡も最低限で済ませるようになり、意思の疎通が無くなって、ミスが発生し始めます。

「どうしてもっと早く言わないんだ！」
「すみません」

さらに険悪な関係になってしまい、社内での居心地もますます悪くなるでしょう。当然上司からの評価も望めません。これはもう完全にコミュニケーション不足です。

プライベートなら、嫌いな相手と付き合う必要もありませんが、仕事の場ではそうはいきません。どんなに苦手な上司であろうとも、仕事に支障が出ない程度のコミュニケーションは必要です。なにも自分の心を殺して仲良くするほどではないにせよ、やはり最低限の会話はしておくべきでしょう。

そんなときにも、３つの質問は便利です。

「あの、ちょっとこの企画のことでご相談があるのですが」
「なんだ」（いきなり話しかけられて怪訝そうに）

「（企画書を見せながら）これなんですけど。部長が以前出されていた企画と方向性が似ているので、アドバイスをいただけないかと思っています」

「ああ、あの企画か」

「はい」

「まあ、確かに似ているみたいだな」

「ただ、ここのところで悩んでいまして」（企画書のなかを指さしながら）

「そうか、まあここは一番難しい部分だが、手はあるぞ」

「本当ですか！」

「そうだな、ちょっと会議室に行くか」

「はい、お願いします」


これは過去の質問の応用です。**相手サイドの話題（部長の過去の企画書）を持ち出して、教えを乞う相談**をしています。できれば上司の過去の栄光的な仕事にからめた質問が好ましいですね。実際に私はこの作戦（?）で、何人もの苦手な上司に話しかけてうまくいきました。

もちろん最初はギクシャクした会話になりますが、話が進むにつれてお互いに本音が出始めます。いくら普段から口を利かない部下でも、仕事の相談をされれば応えようとするものです。ましてや自分を頼ってくる相手に対しては、優しくしたくなるのが人情です。

ポイントはあくまでも仕事の話に終始すること。なまじプライベートな会話をしようとしてもお互いにかみ合いませんし、何よりも「何でいまさらそんな個人的なことを聞くんだ？　俺に媚びを売ろうとしているのか？」などと余計な警戒心を持たれてしまいます。

その点、会社のなかで仕事の話をするのは当たり前ですし、部下が上司に相談するのも当たり前のことです。そうして質問というかたちで会話をしておくことで、普段からの仕事のやり取りがとてもスムーズになります。

もちろん、一緒にいることへのストレスも減りますので、ぜひ上司と会話をすることを目的とした、過去の質問をやってみてください。

どうしても話しかけづらい部下にも有効

さて、苦手な上司に勝るとも劣らずやっかいなのは、苦手な部下です。とくにお互いに無口だったりすると、どうしても話しかけづらいもの。向こうから話しかけてくることはほとんどないし、こちらからも何と言って声をかけたらいいのかわからない。たまに話しかけることがあるとすれば、それは叱るときや注意するときくらいです。私も部下を持っていたときはそれでずいぶん悩んでいました。

本当は、褒めたいし、ねぎらう言葉をかけたいのです。そして部下の笑顔を見たい！　しかし、プラス面より先にマイナス面にどうしても目が行ってしまって、文句の言葉が出てしまっていました。そうすると、部下も渋い顔をしながら黙っているだけになり、会話になりません。いつもギスギスした関係になっていました。

何よりも褒めるところが見つからないのです。会話ができないのは、そんなダメな部下のせいだと、かつての私は思っていました。でもそんなことはなかったのです。ダメなのは私のほうでした。

部下を褒めるコツは、過去の質問にあったのです。

営業部の上司と部下の会話。

「今日行ってきたお客さまはどうだった?」

「ダメでした」

「そうか、ダメだったか。まあ結果は置いといて最初から詳しく聞かせてよ」

「はい。客先に訪問したときに玄関でいい香りがしたので、それを言ってみました」

「どんな風に?」

「あ、なんかいい香りがしますね〜、という感じです」

「そうしたら?」

「そうしたら、相手は飾ってある花のことをうれしそうに教えてくれました」

「いいじゃないか！　最初の会話がうまくできたんだな」（褒める）

「はい、ありがとうございます」

「で、それから？」

「それで、私の気分が乗ってきてしまって、すぐに商品説明を始めてしまったんです」

「そうか、ということはヒアリングをしなかったんだな？」

「そうです。すみません」

「いや、でもいいところまで行ってるじゃないか。明日からはヒアリングを意識してみようよ」

「はい！」


仕事の結果だけを見てしまうと、「ダメじゃないか！」で終わってしまいますが、このように**結果に至るまでのプロセスを過去から聞く**ことで、褒めるポイントが見えてきます。そうすれば会話も弾んできますし、部下も素直に応対してくれます。こちらからのアドバイスの言葉もきちんと聞いてくれるでしょう。

部下がしっかりとやっている部分を見つけて、それを評価してあげること。それも上司の仕事です。過去の質問は、部下とのコミュニケーションも円滑にしてくれます。

いろいろなビジネスシーンで使える3つの質問

相手の本音がわかることで、対顧客とのやりとりだけでなく、様々なビジネスシーンでも応用することができます。

説得力のある企画書が書ける

本音（裏ニーズ）がわかると企画書の書き方も変わります。

企画書は自分でどんなにすばらしい出来だと思っていても、それを見た人の反応次第で簡単にボツになったりします。

これならいけるだろうと自信を持って見せたのに、

「う〜ん、なんだかピンと来ないんだよなあ」

なんて調子が狂うような返事が来ることってありますよね。

相手の心に響く要素が何も入っていなければ、その後でどんなに内容の良さを力説しても当然のように反応してくれません。

何が相手の心に響くのか？　本当に求めているのはどこなのか？

その裏ニーズを前面に出すことで、相手の反応がガラリと変わります。

タイトルも、

「7人乗りワゴンのご提案」ではなくて、

「お年寄りにやさしいクルマのご提案」というように裏ニーズを使った言葉にしてみると、インパクトが違ってくるのがわかりますよね。

企画書や提案書を作成する際にも、ぜひ事前に本音である「裏ニーズ」を引き出してから行いましょう。

一言で相手の急所を突くことができる

私のように無口で口ベタな人は、人前で何かを言おうとするとすぐに上がってしまい、言いたいことがうまく言えません。当然ながら気持ちが相手に伝わらないこともたくさんあるでしょう。

わかっている人は痛いほどわかると思いますが、ビジネスにおいて口ベタというのは、かなりマイナスに作用します。話をうまく進めようにも、相手を説得できなかったり、誤解されたりしがちだからです。言いつくろうこともままなりません。

とにかく限られた言葉数で正確に伝わるようにしなければ！

そんなときにも、相手の本音がわかっていれば、ピンポイントで急所を突く一言が言えるようになります。

「そもそもこの企画の目的は○○だったはずですよね」

「優先順位としても、まずは○○が必要だと思いますが」

「それでは、本来の目的である○○とは違ってきますが、どうしましょうか」

「普段は口数が少ないけど、たまに出る一言がスルドイね！」と言われるようになれば、仕事への信頼も厚くなってくるでしょう。

面接で相手を見抜く

他にも本音が聞きたいシーンと言えば、面接があります。

面接というのは基本的に面接官からの質問に応募者が答えるという形で進められます。

これは面接官側の立場になりますが、表面的な良いところをアピールしようとする人の本音を引き出すのは簡単ではありません。応募者はどうしてもカッコをつけようとして、マイナスの部分を隠しがちだからです。

相手のうわべだけを見て採用を決定してしまうと、入社後に「こんなはずじゃなかった」などということになります。それでは両者にとって不幸です。

逆に緊張してしまって本領を発揮できない人に対しても、過去から聞くことでしっかりと本音をすくってあげられるので、良い人材を逃してしまうこともなくなります。

履歴書を見ながら、「前の会社を辞めた理由」や「なぜその会社を選んだのか」などの過去の質問から入ってうまく本音を引き出しましょう。

面接のときの質問にも、ぜひ3つの質問を応用してほしいと思います。

素のままの自分で接することの大切さ

相手の本音を引き出す3つの質問は、テクニックとして使うことも可能です。

過去から順に聞いていくことで、半自動的に本音（裏ニーズ）である未来の質問に答えてくれやすくなります。これだけでもかなりの本音が聞けるでしょう。

ただし、完全に心を開いてくれるかというと、さすがにそこまではいきません。テクニックには限界もあるのです。

そこで本書の最後にお伝えしたいのは、相手の本音を引き出すための基本中の基本。

「自分の本音を見せること」です。

私が営業セミナーなどで最後に伝えることがあります。

それは仮面を脱いでお客さまに接してほしいということです。

営業というとどうしても「笑顔」「元気」「話し上手」というイメージが強いようですが、それをすべての営業マンが実践したらどうなるでしょう？

来る営業マンすべてがニコニコ笑って明るい声で接してきたら、かえって気味が悪いですよね。ところが多くの営業マンが、営業は笑顔が大切だと思い込んで、慣れない作り笑いをしているのが現状です。

もうおわかりだと思いますが、おかしくもないのに笑っているのは不自然です。もともと気弱な性格なのに、元気に明るく振る舞っているのは「仮面をかぶって人と接している」のと同じことなのです。

自分の本心を隠しながら、相手の本音だけ聞き出そうというのはコミュニケーションの基本に反する行為です。そこでどんなにテクニックを駆使しても、やはり相手は最後までガードを下げきらないでしょう。

3つの質問は、自然な会話の流れで本音を聞き出す手法です。相手の緊張感や警戒心をなくして、リラックスしてもらうからこそ、本音を引き出すことができます。

ところが、そこであなたが仮面をかぶって自分を隠していたとしたら、たちまち相手もガードを固くするでしょう。

相手にオープンを求めるのなら、まずあなた自身がオープンな気持ちで接することが大切なのです。

- 自分を素直な状態にすること
- 相手に興味関心を持つこと
- そのうえで3つの質問を使うこと

このすべての要素がそろったときに、確実に相手の本音をつかむことができます。

「本音」というのは生の人の気持ちです。

それを聞き出すには、「売りたい」とか「説得したい」などという下心は捨てて、率直な気持ちで問いかけるのが一番です。

素顔の自分で接すること。これが相手の本音を引き出すのに重要な役割を果たしていることを、忘れないでください。

＊

ここまでお読みいただきありがとうございました。

「質問」というと、どうしてもこちらからのアプローチ方法のように思いがちですが、実際にはその逆です。

相手の気持ちに合わせた質問をすることで、自然な会話の流れをつくり、その結果として未来の質問にも答えてもらうという一連のプロセスは、相手に１００％合わせることで成り立っています。

気持ちよく会話をする人ならごく自然に行っていることを、３つの質問というカテゴリーに分けて解説してきました。

それによって、相手の本音を引き出してビジネスに役立てることはもちろんのこと、普段の人づきあいにもうまく活用していただけるでしょう。

そのうえで本書の本当のゴール（裏ゴール）は、あなたのコミュニケーション力を高めることにあります。

- **相手の気持ちを察すること**
- **相手の立場を理解すること**
- **相手に合わせた提案をすること**

これができればどんなビジネスでも成功します。

3つの質問は、それを実現するためのほんの小さなきっかけに過ぎません。**人間関係という意味において「相手の本音を引き出す」というプロセスは、究極のコミュニケーションの形だと言えるでしょう。**

最後に、あなたの明日からの良好な対人関係を確信しながら、本稿を終了させていただきます。

おわりに

本音で語り合えることの効果は絶大です。たった一度だけでも本音で話すことができれば、その後も深い絆で結ばれ続けます。

この本の最後に、そんなお話をさせていただきます。

今は亡き祖母と私の話です。


当時、私はまだ高校生でした。

祖母は、祖父が亡くなってしばらくしてから我が家に引っ越してきました。

祖母は昔のように気軽に私に声をかけてくれましたが、私はいつまでも子ども扱いされているように感じて、あまり話をしませんでした。こちらが試験勉強などでイライラしているときには冷たく対応することすらありました。

そんなある日、茶の間でふと2人きりになったとき、なぜか私は昔の話題を出しました。もともと私はおばあちゃん子で、祖父母の家に遊びに行くことが大好きだったのです。

近所の駅ビルの屋上でよく遊んだ話とか、一緒に銭湯に行ったこととか、そして祖父の話になると祖母は涙を浮かべていました。

そのとき、なぜこんなことを聞いたのかは自分でもわかりませんが、今思うととんでもない質問をしてしまったのです。

「おばあちゃんって、自分が死ぬときのことを考えたことある?」

老人に向かって死の話をするなんて、とんでもないことでした。へたをすると暗に早く死んでくれと言っているのかと受け取られかねません。

ところが、祖母の反応は私が想像していたものと正反対でした。

「そりゃあるわよ。毎日考えているわよ」

と言うのです。しかも意外とうれしそうに笑顔で。

「できれば、おじいちゃんのように、倒れてから1週間くらいで逝きたいね」

それは祖母の本音でした。言いたかったけれど、高校生である孫の私には、なかなか言えなかった本音だったのです。

今振り返ってみれば、死ぬときのことを聞くというのは未来の質問でした。それをいきなり聞いてもおそらく答えてくれずに、かえって気を悪くしていたことでしょう。しかし私は過去の話からさかのぼって、その流れで自然に未来の話を聞いていました。ですから、祖母も気分よく本音を語ってくれたのだと思います。

さらに言うと、お年寄りにとって死の話題というのは、本来はとても関心が高いテーマで、話したい気持ちが強いものでした。

その話をしてからというもの、なぜかお互いに気持ちが通じ合った感じになりました。まるで子どもの頃の私とおばあちゃんの関係に戻ったかのように、やさしく接することができました。一度本音を共有し合うと、こんなにもわかり合えるようになるのだということを知ったのです。

結局、祖母は自分の希望どおりにはならなくて、長患いをしてから亡くなりました。

ただ私と祖母との思い出は、あの質問がきっかけで、私に穏やかでやさしい気持ちを残しました。お葬式の場では泣きませんでしたが、後であのときの会話を思い出した際には、ひとりでに涙が出ました。

以上で私の話はおわりです。

お客さまとの関係や会社内での人間関係もありますが、家族とのつきあいも重要です。もし少しでもギスギスした関係でいるのなら、３つの質問で本音の会話をしてみることをおすすめします。お互いにひとつでも本音を共有できたなら、その後の関係は見違えるほど好転するでしょう。

ビジネスの場で活用していただくのはもちろんですが、すべての人とのコミュニケーションにもぜひ使ってみてください。

あなたの今後の良好な人づきあいを願っています。

著者紹介

渡瀬 謙（わたせ・けん）
サイレントセールストレーナー
有限会社ピクトワークス代表取締役

小さい頃から極度の人見知りで、小中高校生時代もクラスで一番無口な性格。明治大学卒後、精密機器メーカーに入社。その後、㈱リクルートに転職。社内でも異色な無口な営業スタイルで、入社10カ月目で営業達成率全国トップになる。94年に有限会社ピクトワークスを設立。広告などのクリエイティブ全般に携わる。その後、事業を営業マン教育の分野にシフト。日本生命保険、三菱東京UFJ銀行をはじめとする各企業でのコンサルティングや研修、講演を行って現在に至る。

主な著書に『内向型営業マンの売り方にはコツがある』、『“内向型”のための雑談術』（いずれも大和出版）、『「しゃべらない営業」の技術』、『超一流の相手にしゃべらせる雑談術』（いずれもPHP研究所）、『相手の「買う！」を自然に引き出す4ステップ商談術』（日本経済新聞出版社）など25冊以上の実績。

ホームページ　http://www.pictworks.com
★皆さんの率直な感想などをお聞かせください。
　必ずご返事を差し上げます。
　watase@pictworks.com

本書は、2011年7月に日本経済新聞出版社が刊行した
『相手が思わず本音をしゃべり出す「3つの質問」』を改題、文庫化したものです。

日経ビジネス人文庫

本音《ほんね》を引《ひ》き出《だ》す
「3つの質問《しつもん》」

2016年9月1日 第1刷発行

著者
渡瀬 謙
わたせ・けん

発行者
斎藤修一

発行所
日本経済新聞出版社
東京都千代田区大手町1-3-7 〒100-8066
電話(03)3270-0251(代) http://www.nikkeibook.com/

ブックデザイン
鈴木成一デザイン室

印刷・製本
凸版印刷

Printed in Japan ISBN978-4-532-19805-3